浙江金融职业学院千日成长与精准思政创新团队建设成果
（项目编号：2021XS07）

金苑文库
中国特色高水平高职学校建设系列成果

城乡融合背景下我国"城市病"治理研究

Chengxiang Ronghe Beijingxia
Woguo "Chengshibing" Zhili Yanjiu

王懂礼 著

中国财经出版传媒集团
经济科学出版社
Economic Science Press

图书在版编目（CIP）数据

城乡融合背景下我国"城市病"治理研究／王懂礼著.
—北京：经济科学出版社，2022.4
（金苑文库）
中国特色高水平高职学校建设系列成果
ISBN 978 – 7 – 5218 – 3448 – 2

Ⅰ.①城… Ⅱ.①王… Ⅲ.①城市管理 – 研究 – 中国
Ⅳ.①F299.23

中国版本图书馆 CIP 数据核字（2022）第 029908 号

责任编辑：周胜婷
责任校对：王肖楠
责任印制：张佳裕

城乡融合背景下我国"城市病"治理研究
王懂礼　著
经济科学出版社出版、发行　新华书店经销
社址：北京市海淀区阜成路甲 28 号　邮编：100142
总编部电话：010 – 88191217　发行部电话：010 – 88191522
网址：www. esp. com. cn
电子邮箱：esp@ esp. com. cn
天猫网店：经济科学出版社旗舰店
网址：http：//jjkxcbs. tmall. com
固安华明印业有限公司印装
710 × 1000　16 开　13.75 印张　200000 字
2022 年 5 月第 1 版　2022 年 5 月第 1 次印刷
ISBN 978 – 7 – 5218 – 3448 – 2　定价：79.00 元
（图书出现印装问题，本社负责调换。电话：010 – 88191510）
（版权所有　侵权必究　打击盗版　举报热线：010 – 88191661
QQ：2242791300　营销中心电话：010 – 88191537
电子邮箱：dbts@ esp. com. cn）

前　言

　　城镇化是现代化的必由之路。新中国成立以来，特别是改革开放 40
多年来，我国城镇化发展迅速，约 6 亿农业转移人口进入城市，实现了人
类历史上最大规模的人口迁移，为人类减贫事业和世界城镇化进程作出了
历史性贡献，走出了一条具有中国特色的新型城镇化道路。城镇化和工业
化共同推动中国从"站起来""富起来"到"强起来"的伟大转变，加速
了中国的现代化转型，改变了中国的面貌和历史发展进程。但我们也看
到，在城镇化快速发展的同时，也出现了诸如交通拥堵、房价高企、生态
污染等各种各样的城市问题，这些问题，即"城市病"。

　　从本质上看，"城市病"是可以预防和杜绝的，但考察世界城市发展
历程，由于制度不完善、规划不科学、法治不健全、治理不系统，"城市
病"在每个国家都不同程度地存在着。从"病灶"分析，"城市病"是一
个动态的演化过程，虽然不同国家的"发病过程"和"发病程度"有较
大差异，但随着城镇化的推进，随着国家经济社会发展和国家制度政策的
优化调整，特别是城镇化率达到较高水平时，"城市病"会慢慢缓解并逐
渐痊愈。能否及时准确找到"病因"，开出针对性强的"药方"对有效治
愈"城市病"或进行最大程度的抑制，关系到我国现代化建设能否同步推
进，关系到人民群众的获得感、幸福感、安全感，关系到社会稳定和国家
长治久安。

　　梳理国内外相关研究成果可知，近十年来关于我国"城市病"及其治
理的研究有了较好的理论和实践基础，但总体上看，一定程度上仍存在
"头痛医头脚痛医脚"的问题，特别是在城乡融合的大背景下研究"城市

病"治理的成果还比较少，这为本书提供了一定的研究空间。从总体结构上，本书主要由基础理论、问题分析和对策建议三部分构成。第一部分主要进行理论分析，其主要作用在于为全文提供理论指导和提出问题。第二部分主要进行问题分析与经验总结，其主要作用在于分析问题。第三部分，提出城乡融合背景下治理我国"城市病"的理念引领、制度供给和具体实践路径，其主要作用在于解决问题。

通过文献研究、社会调查和历史分析，可以清晰地发现，当前我国的"城市病"是在中国特色新型城镇化道路形成和发展进程中，在我国城镇化取得伟大成就的同时，所产生的一种客观历史现象。从生成过程看，"城市病"的产生受其演变的一般规律所支配，伴随着城镇化的发展，我国的"城市病"先后经历了少发期、偶发期、多发期和频发期四个阶段，当前已进入多发频发期。从城乡融合的视角看，当前我国"城市病"突出地表现为人口的集聚与社会公共资源供给不足、高楼大厦的群起与"城中村"扩散、多元文化的交汇与人文精神的缺失、城市规模的扩张与生态环境的破坏等症候，这些都给我国经济社会发展和人民美好生活带来了诸多不利影响。

总体上看，"城市病"是城市快速发展中需求无限性与资源能源供给和环境承载能力有限性之间矛盾运动的结果。但进一步的历史分析发现，当前我国"城市病"的形成，除了受城镇化发展阶段一般规律的制约，还与我国特殊的国情有密切的关系，如超大的人口规模、高度浓缩的城镇化进程、区域经济社会发展的不平衡性、从计划经济向市场经济体制转型等。同时，政府主导型城镇化模式在转型发展过程中出现的种种制约，如体制机制和政策供给、城市规划和城市治理水平以及"城市病""农村病"相互勾连和相互强化等，都是我们必须面对和正视的客观现实，也是我们高质量城镇化发展道路上的主要挑战。

科学有效地治理"城市病"是实现高质量城镇化的重要内容。通过对马克思主义及其中国化理论成果的文献研究，对先发国家相关学者对城市及"城市病"治理相关理论的研究，对世界上最早爆发"城市病"的英国、实行高度浓缩型城市化道路的日本，以及中国一线超大城市北京和二线特大城市杭州治理"城市病"实践经验的对比研究，我们发现，以马克思主义及其中国化理论为指导，借鉴典型国家和地区相关经验，通过统筹城乡，加强"农村病"和"城市病"协同治理，是城乡融合背景下治理我国当前"城市病"的有效途径之一，也理应是中国特色新型城镇化道路的重要建设内容。

在理论和实践研究的基础上，本书提出了城乡融合背景下治理当前我国"城市病"的对策。一是在理念和制度层面，创新理念引领城市规划，具体地说就是城市规划要贯彻以人民为中心的发展理念，融入生态文明理念，体现适度超前理念，彰显统分结合的理念；同时要加强制度建设，加快推进户籍制度改革，系统推进政绩考评机制改革，综合推进城市规划管理制度改革，建立健全生态环境保护制度等。二是在具体实践路径层面，提出有序推进农业转移人口市民化、全面提高城市治理现代化水平、大力推进农业农村现代化、推进"农村病""城市病"协同治理等举措。

"城市病"治理是个复杂的系统工程，涉及政治学、经济学、社会学、规划学等多个学科，加上中国城镇化的复杂性和特殊性，本研究还有不少局限性，希望能为当前中国"城市病"的有效治理提供一些有益的参考和借鉴。

目 录

绪　　论

第一节　选题背景及意义

亚里士多德指出，城市因人类追求更美好的生活而诞生。^①城镇化是现代化的必由之路，先发国家发展经验表明，工业化是城镇化的发动机，城镇化是工业化的加速器，当一个国家城镇化率达到30%时，工业化往往会推动城镇化驶入快车道，大量农业转移人口短时间内迅速进入城市，城市的人口膨胀、交通拥堵、大气污染、环境恶化、犯罪飙升等"城市病"将会相继出现，特别是当城镇化率达到50%～70%时，各种城市问题将会集中爆发，形成严重的"城市病"。^②这不仅严重影响城镇化的持续快速健康发展，也会给人们的生产生活带来诸多不便，影响人们生活水平和生活质量的持续提高。为应对"城市病"，各国根据自己实际情况采取了不同的措施和办法，有的治理成效明显，如英国、美国、日本、新加坡等，也有的国家步履维艰，如印度、巴西等，这为我国治理"城市病"提供了正反两个方面的经验。

新中国成立之前，中国是个典型的农业社会，城镇数量少，城镇人口少。新中国成立后，城镇化才在国家政策的推动以及工业化快速发展的推动下驶入快车道，特别是改革开放40多年来我国的城镇化发展迅速，取

---

① 亚里士多德. 政治学［M］. 秦典华，译. 北京：人民大学出版社，2003：5－6.
② 王一鸣. 坚持走中国特色新型城镇化道路［N］. 经济日报，2015－01－29（14）.

得了重大成就。1978～2018 年，我国城镇的常住人口由 1.7 亿人增加到 8.3 亿人，城镇化率由 17.9% 提升到 59.58%①，城镇数量大幅增加，城镇建设日新月异，城乡文明发展迅速，城镇化也推动了我国经济社会高速发展，大幅提高了人们的生活质量，形成了中国特色的新型城镇化道路，在世界城镇化史上独树一帜。在这个过程中，规模巨大的人口迁移给我国城镇带来了巨大的生机和活力，但同时也造成了城市生活空间的狭仄拥挤，出现了人口爆炸、交通拥堵、生态破坏、环境污染、能源趋紧、资源短缺、房价高企、流浪人员、城市犯罪等各种"城市病"，给人民的生产生活带来了相当大的影响。2020 年，中国仍有 1.7 亿的农业转移人口游离于城市和农村之间，他们被统计为城镇人口，为城市建设和发展作出了巨大贡献，但由于没有城镇户口而不能平等地享受教育、医疗、住房、社保等公共服务②；部分解决了城镇户口的农业转移人口举家迁往城市，由于被切断了乡土文化的文脉，失去了与农村的联系，相当一部分农业转移人口表现出了对城市生活的极大不适应性。

当前，不仅一线城市的"城市病"问题日益严重，二三线城市也呈蔓延之势。2011 年，"十二五"规划指出，要防止特大城市面积过度扩张，要预防和治理"城市病"③。2014 年，中共中央颁布了《国家新型城镇化规划（2014—2020 年)》，为城镇化建设擘画了路线图，这是我国城镇化史上具有划时代意义的重大事件。2015 年，我国在时隔 30 多年之后再次召开中央城市工作会议，此次会议针对"城市病"不同类型制定了不同的解决方案，为全面解决"城市病"问题提供了指南和路线图。

近年来，随着城镇化的快速发展和大量人口不断涌入城市，"城市病"问题越来越成为社会和学者集中研讨的热门话题之一。但与此同时，通过

---

① 中华人民共和国国家统计局. 中华人民共和国 2018 年国民经济和社会发展统计公报 [N]. 人民日报，2019 – 03 – 01 (010).

② 2020 年农民工监测调查报告 [N]. 中国信息报，2021 – 05 – 07 (002).

③ 中华人民共和国国民经济和社会发展第十二个五年规划纲要 [N]. 人民日报，2011 – 3 – 17 (001).

分析梳理现有成果，我们发现，前期研究更多地关注现象梳理和原因分析，系统地提出治理方案的成果还不多；学者们更多关注于大城市，对"城市病"日益蔓延到二三线城市的关注和研究还不太充分。整体来看，当前研究中有深度和有针对性的解决措施还不够多，特别是在城乡融合的大背景下，统筹城乡，系统解决"城市病"的成果还较少。因此，在我国城镇化快速推进过程中，在"城市病"凸显、不利影响越来越大的背景下，全面、系统、深入分析研究"城市病"问题，并提出行之有效的对策是非常必要的。

"城市病"是城市发展的异化状态，当前阶段，我国已进入"城市病"的高发期。大气污染、交通拥挤、人口膨胀、城市贫困、房价高企、道德滑坡、城市犯罪等不仅对人民的日常生活造成影响，也妨碍了城镇化的持续快速健康发展。党的十九大提出了乡村振兴战略，要求在推动农业农村现代化的同时，积极推进城乡融合发展。因此，在城乡融合背景下研究"城市病"问题及其治理对策，对拓展中国特色城镇化理论研究的领域和推动城镇化建设的提质增效，具有重要的理论意义和现实意义。

从理论层面对"城市病"进行较为系统的分析，有助于丰富和发展中国特色新型城镇化理论；分析"城市病"发展的一般规律，有助于深化对"城市病"的认知与理解，丰富"城市病"的研究内容；构建"城市病"的治理机制，有助于推动中国特色新型城镇化道路等相关研究。

本研究以城镇化的提质增效和持续健康发展为目标，相关研究成果可以为政府相关部门提供参考与借鉴。分析"城市病"的演变、表现、危害，有助于我们清醒认识"城市病"现状，进而采取有效措施；重新界定"城市病"科学内涵，有利于人们认清"城市病"的本质，使人们从"城市病"简单归咎于城市规模过大的错误认知中解放出来，正视城镇化进程中的城市问题，有利于城镇化的健康持续发展；分析典型国家治理"城市病"的举措，对我国完善"城市病"治理机制具有启发和借鉴意义；最终研究成果将对我国户籍制度、农地制度、社会保障制度等领域的改革提供借鉴与参考。

第二节　国内外研究综述

"城镇化是伴随工业化发展，非农产业在城镇集聚、农村人口向城镇集中的自然历史过程，是人类社会发展的客观趋势，是国家现代化的重要标志。"① 改革开放以来，我国的城镇化建设得到了突飞猛进的发展，基本实现了农村型国家向城市型国家的转变。但在传统城镇化发展过程中，地方政府过于注重城镇数量和城市规模的扩大，忽视与之匹配的基础设施建设和公共服务供给，城市发展"病态化"趋势明显。因此，如何对城市问题进行合理分类，如何在借鉴国外经验基础上采取有效措施治理"城市病"，便成为党和政府以及学者们关注的重点话题。

一、国内对相关问题的研究

（一）关于"城市病"概念的研究

关于"城市病"的概念，不同学科的学者从不同的角度给出了不同的定义，但并无一个具有普遍性的定义。张汉飞（2010）指出"城市病"到底指的是"大城市病"还是中等"城市病"或是小"城市病"，是许多研究区域经济学的学者们需要探讨的问题，而"十二五"规划建议中主要强调的还是"特大城市病""大城市病"。即便如此，依据研究者的不同视角，仍然可以将其界定形式大致划分为三类。

（1）根据"城市病"的特征来定义。因为没有统一的定义，所以以特征来定义的方法在城市经济学中就比较多。胡欣和江小群主编的《城市经济学》（2005）将"城市病"分为 24 类：大拆大建、无序开发、住宅问题、"烂尾楼"、城中村、流动人口集聚、水危机、垃圾围城、环境污

---

① 国家新型城镇化规划（2014－2020 年）［M］. 北京：人民出版社，2014：2.

染、马路杀手、工程误区、绿化误区、空城现象、热岛效应、病态建筑、劳动力资源损伤、文化资源过度开发、公共卫生体系滞后、城市地质灾害、交通堵塞、基础设施布局不合理、城市管理不力、规划问题、安全问题。张敦富（2005）认为由于城市生活的复杂性，城市中也不可避免地出现了许多社会问题，包括环境区位问题、资源分配问题、偏差行为问题、社会制度问题等。

（2）试图从"城市病"的形成规律来定义。段小梅（2001）认为，"城市病"就是人口规模超过城市最大负荷所引起的系列问题。张汉飞（2010）认为，"城市病"的本质就是城市资源环境的承载力和城市化发展规模的匹配度失衡。王桂新（2010）指出，一般认为"大城市病"是在城市化发展到一定阶段，城市人口的过度集聚超过工业化和城市经济社会发展水平造成的，所以有时也称"大城市病"为"过度城市化"。焦晓云（2015）认为，"城市病"是由制度供给滞后和城市承载能力不足引起的各类社会问题的统称。黄荣清（1988）指出，城市人口增长过快导致劳动者的就业率停滞或下降等问题，进而出现了所谓的"过度城市化"。

（3）从城镇化进程的角度来定义"城市病"。戴鞍钢（2010）、曹钟雄和武良成（2010）把城市病定义为：城市化进程中因城市的快速扩张，城市的环境、资源、基础设施等难以适应快速工业化和城市化发展，所表现出来的与城市发展不协调的失衡和无序现象。林家彬和王大伟（2012）、陈友华（2016）、谢邦昌和孙浩爽（2017）、吴建忠和詹圣泽（2018）等认为，"城市病"是人口和生产资料向城市过度集中而引发的社会管理和公共服务问题的统称。向春玲（2014）认为，"城市病"是指在一国城市化发展的某个阶段，因城镇化进程的加快和经济、社会、生态发展不协调所导致的对城市整体发展和城市生活的负面效应。

（二）关于"城市病"表现的研究

"城市病"是城市发展的亚健康状态，其表现虽不尽相同，但也有相通之处。吕政等（2005）指出我国城市不同程度地存在着交通拥堵、住房紧张、环境污染严重、水资源短缺、社区服务及管理不完善等问题。朱颖慧（2011）将城市病的表现总结为 6 个方面：人口无序集聚、能源资源紧张、生态环境恶化、交通拥堵严重、房价居高及安全形势严峻。倪鹏飞（2011）在归纳总结现有研究成果和分析我国城镇化发展历程的基础上，将我国城镇化进程中的"城市病"表现概括为环境污染、交通拥堵、住房紧张、健康危害、城市灾害及安全弱化等。张桂文（2014）将"城市病"和"农村病"放在一起研究，指出"城市病"主要表现在四个方面：交通拥堵、环境恶化、资源承载能力薄弱、"城中村"带来严重的城市环境和治安问题。向春玲（2014）将我国"城市病"问题归纳为 10 个方面：城市人口膨胀、城市房价高企、城市交通拥挤、城市贫困问题、城市失业问题、城市看病难问题、城市上学难问题、城市环境污染严重、城市社会安全弱化、城市诚信道德问题凸显。焦晓云（2015）将"城市病"分类整理为：城市社会病、城市经济病、城市生态病以及非典型性"城市病"。谢邦昌和孙浩爽（2017）从大数据角度分析我国"城市病"，并选取四个重要"病症"进行分析，它们是交通问题、空气污染、医疗健康、社会治安。

（三）关于"城市病"成因的研究

"城市病"是城镇化发展的异化现象，不仅影响人们生活水平和生活质量，也不利于城镇化建设的自身发展。所以必须对"城市病"成因进行分析并以此为基础找到解决路径。学者们关于"城市病"的成因有诸多探索，主流观点有以下五个方面。

（1）"城市病"是市场机制自发作用的结果。徐传谌和秦海林（2007）认为，由于城市经济发展过程中所产生的公共服务并不具有明显的排他性与竞争性，或排他的成本过高，因此，由市场提供的供给量往往小于实际需求量。王桂新（2010）同样指出市场经济往往有使城市规模过大的倾向，这些市场的消极作用或市场的失败，可能造成或加剧"大城市病"。他们同时指出，政府的公共政策、制度安排是否得当，对"城市病"具有重要影响。曹钟雄和武良成（2010）认为隐藏在城市病表征下的内在决定性要素为城市资源环境承载力。城市资源环境承载力具有公共品属性，因而在市场经济中容易产生过度消费的问题，往往不足以支撑城市的发展，进而导致城市病的产生。

（2）"城市病"是政府过度干预造成的。潘宝才（1999）、曾广宇和王胜泉（2005）认为，城镇化起步阶段，政府往往形成了对城市僵化的管理模式，到了城市化的快速发展阶段，起步阶段的城市系统与功能越来越不适应城市人口增加和城市规模扩张的需要，交通拥挤、住房紧张、基础设施严重不足为病症的"城市病"日渐显现出来。段小梅（2001）认为，政府某些经济政策的失误会导致"城市病"，并以新中国成立后我国工业城市建设导致城市人口膨胀、工业和生活废弃物堆积等作为实例。向春玲（2014）认为，"城市病"是城市结构体系不完善、过度追求 GDP、忽视生态环境保护等综合因素的必然产物。周加来（2004）认为，全社会的目标都集中在经济效益上，生态效益和社会效益往往被忽视，甚至以牺牲生态效益和社会效益来谋求经济效益。

（3）"城市病"是由城市规模过大造成的。刘纯彬（1990）认为，人们看到了大城市病得严重，主张发展小城镇，而实际上小城镇的病要比大城市严重得多。段小梅（2001）也认为，"城市病"就是人口规模超过城市最大负荷所引起的系列问题。李松涛（2011）认为，"人口病"是"城市病"的表现，它是人口流动过多导致城市人口规模过大造成的。王桂新（2011）认为城市规模过大会招致人口拥挤、住房紧张、交通堵塞、环境污染等问题，同时也指出"大城市病"和城市发展的大城市化之间没有必然联系。任远（2018）认为，"城市病"主要表现为城镇人口增长和城市管理服务的不协调关系。

（4）"城市病"是由制度供给不足和管理落后导致的。焦晓云（2015）认为，"城市病"是由制度供给不足和城市发展速度与规模超过城市承载能力导致的。任远（2018）认为，"城市病"问题的主要原因是在人口发展过程中城市管理和服务能力的滞后，对人口的管理和服务加以限制不仅不利于解决"城市病"，甚至会恶化这一问题。

（5）"城市病"是综合因素造成的。齐心等（2018）认为，每种"城市病"都是由于资源无法满足需求的绝对短缺，资源与需求在时空的错配，城市的异质性和复杂性带来的多元化综合导致的；石忆邵（1998）辩证地分析了城市规模和"城市病"之间的关系，认为"城市病"是一种社会经济"发展病"，指出中国"城市病"的出现并不在城市规模过大，而是由于体制磨合、结构失调、技术失当、管理失控及道德失范等多方面因素造成的。

（四）"城市病"的预防和治理

2003 年，中国市长协会发布了《2001～2002 中国城市发展报告》，首次提出"以发展克服'城市病'、以规划消除'城市病'、以管理医治'城市病'"的防治"城市病"的相关理论，为我国的"城市病"治理提供大的原则和方向。学者们提出的预防和治理方案主要有四点。

（1）从城市自身出发治理"城市病"。郑亚平和聂锐（2010）认为城市人口规模在 170 万～250 万时，投资回报较高，社会福利较好，对要素有较强的吸引力，城市规模产生集聚经济效应和扩散辐射能力比较明显，且没有明显的"大城市综合征"，城市的综合效益比较显著。丁金宏（2011）指出大城市的病态是以"大"为根本病因，要缓解或消除"大城市病"，控制人口规模才是治本之策。向春玲（2014）认为，"城市病"从本质上看是由于城市规划不当造成的，因而，城镇化发展要有科学的城市规划。任远（2018）认为，有效应对"城市病"的关键在于，在城镇化过程中城市人口增长和管理服务提高之间维持良好协调的关系。

（2）从城乡一体化发展角度治理"城市病"。基于城乡二元经济结构的特征，不少学者从统筹城乡关系的角度探讨"城市病"的治病之策。张桂文（2014）主张将"农村病"和"城市病"统筹治理，主张通过农业转移人口市民化、城乡一体化以及加强政府治理能力等方面治疗"城市病"；焦晓云（2015）主张通过农村就地城镇化、大力发展农业产业化经营来缓解"城市病"问题；张明斗（2015）指出我国的户籍制度、小城镇战略也并未有效缓解大城市的人口压力，根治"城市病"必然要寻找新的出路，而逐步消除城乡二元结构，缩小城乡差距，实现城乡发展平衡，则是解决"城市病"的根本之道；刘永亮和王孟欣（2010）指出，根治城市病必然要寻找新的出路，而逐步消除城乡二元结构，缩小城乡差距，实现城乡发展平衡，则是解决城市病的根本之道；朗朗和宁育育（2010）认为，城市问题和农村问题是缠在一起的，没有农村的建设，城市问题也难寻答案。

（3）从城镇化发展方式的选择治理"城市病"。王小鲁（2010）主张通过发展大城市解决"城市病"，认为小城镇由于达不到经济规模，将无力承担必要的市政建设、基础设施和公共服务设施投资及运营支出，最终导致"城市病"。与此不同，国家统计局城市司"城市化发展研究"课题组（2011）和鄢祖容（2017）则指出，发展中国家有过度大城市化的痼疾，我国一些大城市的"城市病"正在集中爆发，为此我国需要依赖中小城市推进城市化道路。此外，李京文在《中国城市化的重要发展趋势：城市群（圈）的出现及对投资的需求》一文中提出了介于两者之间的一种观点，即通过发展城市群以克服小城镇化和大城市化问题。

（4）借鉴国际经验提出新型城市发展模式。陈柳钦（2010）率先将健康城市理念引入国内，并进行了较为系统的阐释，主张通过构建健康城市来预防"城市病"。王大伟、文辉和林家彬（2012）在对东京、伦敦、纽约早期"城市病"进行分析的基础上，总结了三个国家治理"城市病"的经验，并进一步提出对我国的启示：加强跨区域的规划协调、通过立法确立规划的权威性、发挥政府调控作用，促进公共资源的均等化配置。王开泳等（2014）在借鉴美国、英国、日本等国家治理"城市病"的经验措施后指出，要从更新城市发展理念、编制科学合理城市规划、以交通规划引导城市发展等方面提出对策。2003年，国家环保总局公布了《生态县、生态市、生态省建设指标（试行）》，鼓励在全国范围内创建生态县、生态市、生态省；2005年，《关于北京城市总体规划的批复》中我国首次提出建设"宜居城市"；2008年，世界自然基金会以上海和保定两市为试点，推出"低碳城市"发展示范项目。此外，还有紧凑型城市、创新型城市、海绵城市、绿色城市、智慧城市等城市发展理念被借鉴过来。

二、国外对相关问题的研究

工业革命以来，现代意义上的城市化加速，西方国家率先由城市化实现现代化，不可避免地，"城市病"首先就出现在英美等工业化先发的国家。"城市病"（urban disease）一词最早来源于工业革命后期的英国，英国因此也被称为欧洲的"脏孩子"。美国学者乔尔·科特金将工业革命引发的城市环境恶化等一系列相关问题称为"齿轮暴虐"。应该说，"城市病"不是某个国家特有的，在世界各国城市化进程中都有不同程度的存在，政府以及经济学、城市学、规划学、生态学、社会学等各专业学者都对这一问题进行了较为深入的研究，取得了较为丰富的理论成果和理想的实践效果。根据现有研究成果，可以大致分为对"城市病"的整体研究和对"城市病"的具体研究。

（一）对"城市病"的整体研究

城市是人类走向现代化的重要标志，也是文明的重要标志，更是人类群居生活的高级形式。人类在走向现代化的群居生活中难免会产生各种各样的"病症"，研究者们很早就对这一现象进行了关注与研究。

（1）马克思和恩格斯对"城市病"的分析。在马克思和恩格斯之前，以莫尔为代表的空想社会主义者开始关注城乡分离，提出乌托邦的理想社会。19 世纪上半叶，继莫尔之后，空想社会主义者们设想把改良住房、改进城市规划作为医治城市社会病症的措施之一，说明当时已经发现了"城市病"的存在，并提出了相应的改良方案。马克思和恩格斯充分肯定了城市的积极作用，认为城市中的"大工业……首次开创了世界历史，因为它使每个文明国家以及这些国家中的每一个人的需要的满足都依赖于整个世界，因为它消灭了以往自然形成的各国的孤立状态"①。他们也指出了英国工业革命以后的城市贫困和环境问题：城市里"存在着贫穷和饥

---

① 马克思恩格斯选集（第一卷）［M］. 北京：人民出版社，1972：67.

饿、疾病和各种各样的恶习，以及这些东西所产生的一切惨状和一切既摧残身体又摧残灵魂的东西"①，"伦敦的空气永远不会像乡间那样清新而充满氧气。250 万人的肺和 25 万个火炉集中在三四平方德里的地面上"②。在马克思和恩格斯看来，资本主义对资本无止境的追逐是"城市病"的重要原因，只有消灭资本主义私有制，才能根治"城市病"。

（2）从经济学角度讨论"城市病"问题。20 世纪 60 年代经济学家以集聚经济理论为基础，提出"最佳城市规模"即城市最佳规模理论③，包括最小成本分析和成本收益分析等，如阿隆索（W. Alonso，1964）建立了城市集聚经济与城市人口规模间的二次函数模型，以此来度量最佳城市规模，引导和控制城市人口。加通和西蒙（Gatons & Clemmer，1971）出版了《城市问题经济学》，该著作专门探讨了城市规划与城市贫困、社会福利、城市交通、环境污染等问题的关系，并力图从成本收益的角度解决城市问题；巴顿（Botton，1976）在《城市经济学——理论和政策》中分析了城市的聚集功能和城市经济活动研究的性质、特征与手段，并认为，任何系统地运用经济学原理去解决城市问题的企图都应当作城市经济学。沃纳赫希（1984）认为，城市经济学就是运用经济学原理和分析方法去研究城市问题以及城市地区所特有的经济活动。④

（3）从生态学角度讨论"城市病"理论。生态学派强调人与自然、人与生态环境关系的协调，突出"以人为本"，强调城市发展要高度遵循生态学规律，否则会导致严重的"城市病"，还给出了具体的解决方案。突出的代表是，英国社会活动家埃比尼泽·霍华德的"田园城市理论"，他在《明日的田园城市》中指出，要根本上解决大城市人口拥堵、环境污染等弊病，必须对大城市人口进行分流，在大城市的周边建立一系列的"田园城市"，这些规模不大的田园城市，四周有永久性的农业地带环绕，

① 马克思思格斯全集（第二卷）［M］. 北京：人民出版社，1957：312.
② 马克思思格斯全集（第二卷）［M］. 北京：人民出版社，1957：380 - 381.
③ 郑长德，钟海燕. 现代西方城市经济理论［M］. 北京：经济日报出版社，2007：38 - 39.
④ 蔡孝箴. 城市经济学（修订版）［M］. 天津：南开大学出版社，1998：3 - 4.

与大城市有便利的交通相连，环境优美有利于吸引城市人口有效疏解，从根本上解决城市问题。美国芝加哥大学学者帕克（Park）运用生态学理论分析了城市，认为城市是一种生态秩序，支配城市社区的基本过程是竞争和共生，和生物体一样，人类社会中人与人相互生存、相互制约的关系决定着城市的空间结构，城市发展和治理要遵循这种生态秩序，不能随意破坏，否则会打破这种结构，导致各种"城市病"。

（4）"城市病"治理的相关理论研究。美国著名建筑学家伊利尔·沙里宁（E. Saarinen）在他的《城市：他的生长、衰退和将来》（1942）中系统阐述了有机疏散理论，他认为城市是一个有机体，其内部秩序实际上和有生命的有机体内部秩序是一样的，提出了通过有机疏散的城市结构，来治理城市和"城市病"。20世纪下半叶，"新城市主义"理念兴起，成为城市规划建设中的重要价值导向和指导思想，其宗旨是尊重城市社区的地方特色文化，提升城市生活品质，以解决欧美发达国家城市中心区不断衰退、贫富分化、邻里关系疏离等突出问题。20世纪90年代，与可持续发展相适应，美国针对城市可持续发展提出了"精明增长"（smart growth）战略，包括复合土地功能、保护公共用地、紧凑的发展模式、提供公共交通等10项原则，以减少城市交通拥堵、犯罪、生态恶化和文化消退等"城市病"。① 社区理论学派侧重于城市微观视角，以20世纪40年代的奥古斯特·霍林希德为代表，社区理论（theories of community）认为城市就是一个大的社区，"城市病"可以浓缩为一个"社区病"来进行整体的考察和治理，强调社会组织在"城市病"治理中的积极作用。20世纪末21世纪初，宜居城市和低碳城市理论开始盛行，城市治理更加突出以人为中心、节约低碳的治理理念。

（二）对"城市病"的其他研究

二战后，西方国家的城市化急速发展，但城市规划相对滞后。城市规模和城市数量迅速增多，扩展蔓延毫无节制，各类城市问题集中出现。针

---

① 谷荣. 中国城市化公共政策研究［M］. 南京：东南大学出版社，2007：25 – 26.

对城市问题的各项表现，这一阶段的研究主要集中在城市与产业的关系，以及事关人民生活水平和生活质量的住房、交通、环境等具体"病症"上。

（1）产业结构变迁对"城市病"影响及治理的研究。罗伯茨和赛克斯（Roberts & Sykes，2000）研究发现，单一的、狭窄的专门化产业是造成城市经济脆弱的根源，积极推动产业结构多元化是城市经济振兴和可持续发展的重要途径。罗杰·伯曼（Roger Perman）针对休斯顿城市资源枯竭、环境恶化和失业严重等问题，提出延伸产业链，带动服务业发展，加速城市转型。兰德里（Landry，2003）认为，当代大都市发展需要用创意的方法来转型，不能固守原有的产业形态。

（2）对交通拥堵问题的研究。现有研究对交通拥堵问题多注重于改善整体交通环境上，尤其注重发展公共交通。迈耶、肯和沃尔（Meye，Kain & Wohl，1965）分析研究了不同的交通客运模型，提出要通过提高高速公交覆盖率来解决城市交通拥堵问题。内茨（Netze，1983）从投资角度探讨了民间资本对公共交通的作用，指出城市交通可以在政府统一管理下，由民营资本、私营企业提供同等质量的城市交通服务。针对郊区化和逆城市化现象的出现，卡泽夫（Katzev，1983）提出要加速客运通道的建设，设计公交系统换乘方案，提高管理水平。日本的学者则与政府一起制定规划，通过构建都市圈的交通体系，完善公共交通设施，有效疏散东京"大城市病"带来的人口拥挤。

（3）对外部效应和城市污染问题的研究。阿迪卡里（Adhikari，2016）认为，城市化的优势是聚集效应和规模效应，大量的人口提高了社会的整体效率，但也导致较大的负外部效应，尤其是环境的污染和生态的破坏，增加了重大疾病的发病率，滋生了犯罪。有较多的国外学者从绿色经济和低碳经济角度对城市转型发展和"城市病"治理提出解决方案。杰恩·尼库福德和维尔·弗恩奇（2008）研究了英国城市空间规划与绿色低碳发展目标之间的关系。格雷泽和卡恩（2008）通过实证研究发现，城市规模和碳排放存在正相关关系，城市规模越大，碳排放越高，提出合理控制城市规模防止城市污染的问题。

此外，近年来还有对城市住房和城市贫困相关问题的研究。如克拉克（Clark，1998）发现大城市的过度拥挤会带来环境污染、贫民窟、城市犯罪等一系列的经济社会问题，政府需要加大基础设施投资，优化制度环境，提供公平的福利政策等鼓励人口从大城市向外迁移。

三、对相关研究的简要评价

目前国内外对"城市病"的现有研究已经取得了阶段性成果，这为本书的顺利研究打下了良好基础；与此同时，从现有研究成果来看，尚存在一些不足，这为本研究提供了一些空间。具体而言，这些不足主要体现在以下四个方面：一是"城市病"的病因较多，但现有的研究成果一定程度存在就某方面单维度研究多，综合性多维度的研究少，有"头痛医头，脚痛医脚"的情况；二是宏观的报道、倡导性文章较多，进行深度的理论分析和提出针对性治理之策，尤其是治理"城市病"的系统对策还比较少；三是就城市问题论"城市病"的研究较多，将城市和农村结合起来解决"城市病"的研究较少；四是对国外"城市病"治理和国内城市治理对比研究得较少。虽然目前该研究取得了不少研究成果，但依然有较为广阔的研究空间。未来研究将呈如下趋势：从宣传阐释性研究向学术学理性研究转变，从点状分散性研究向全面系统性研究转变；从国内单向度研究向国内国外多向度研究转变。"城市病"的类型与成因需进一步厘清，正确区分"制度病""发展病""技术病"等；研究视角上从高质量城镇化发展视角、国家治理能力和治理体系现代化视角、区域协同治理视角进一步拓展。

第三节　相关概念的界定

一、城乡融合

马克思主义城乡关系理论认为，城市和乡村并不是天然存在的，城乡关系发展经历了一个"城乡同———城乡分离—城乡差别消除"的发展历程，但城乡分离和城乡差别的消除并不会自动发生，它是生产力和生产关系发展的结果。党的十九大报告指出，实施乡村振兴战略，要"建立健全城乡融合发展体制机制和政策体系"①，将城乡融合作为乡村振兴的重要条件。"城乡融合"在党的十九大之前是以"城乡一体化"概念存在的。党的十八大报告指出，"形成以工促农、以城带乡、工农互惠、城乡一体的新型工农、城乡关系"②。所以，城乡融合过程很大程度上也是城乡一体化的过程。改革开放以来，城乡二元结构导致的城乡差异和城乡矛盾逐渐显现，城乡融合发展逐渐被学者重视。但由于城乡融合思想涉及经济发展、生态修复、环境保护、城乡文化、空间景观等诸多方面，不同学者对城乡融合的理解存在着很大差异。从城乡关系来看，城乡融合指的是打破发达城市与落后农村之间的障碍壁垒，推动生产要素的合理流动与优化组合，将先进生产力合理布局在城市和农村，使城乡经济发展和社会生活密切联系，逐步消除中间差距，最终实现城乡一体。从根本上来看，城乡融合指的是在城乡要素自由流动、公平与共享基础上的城乡协调和一体化发展。③从经济发展规律来看，城乡融合的过程就是农业工业联系日益紧密的过程，指的是要统一布局城乡经济，加强城乡之间的经济合作，优化城乡分工，促进城乡经济协调发展，以获取最大的经济效益。从空间布局来看，规划学家从空间布局角度规划城乡结合部的发展，即对城乡结合部地区具有内在关联的物质要素和精神要素进行统筹安排，使其协调一致，达到空间和内在的一体化。从生态环境角度来看，城乡融合就是整合城乡生态环境，使自然生态正常通畅，促进城乡生态环境协调有序发展。本书主要从城乡关系角度考察"城市病"的一般规律、形成原因与治理对策。

---

① 习近平. 决胜全面建成小康社会 夺取新时代中国特色社会主义伟大胜利［N］. 人民日报，2017 – 10 – 28（001）.

② 胡锦涛. 坚定不移沿着中国特色社会主义道路前进 为全面建成小康社会而奋斗［N］. 人民日报，2012 – 11 – 18（001）.

③ 刘春芳，张志英. 从城乡一体化到城乡融合：新型城乡关系的思考［J］. 地理科学，2018（10）：1624 – 1633.

二、城镇化

"城镇化"对应的英语是"urbanization",很多人将之汉译为"城市化",日本和我国台湾地区将之译为"都市化"。1991年,辜胜阻在《非农化与城镇化研究》中详尽拓展了"城镇化"相关概念,获得广泛认可并使得这一概念得以推广;世纪之交,中共十五届四中全会通过的《关于制定国民经济和社会发展第十个五年计划的建议》正式采用了"城镇化"一词,由此,"城镇化"正式成为中国的官方用语。为与国家文献和主流提法保持一致,本书将采用"城镇化"这一提法[1]。不同学者从不同学科角度对城镇化进行了解释,但在学术界并未达成一致意见。综合而言,城镇化涵盖了"人口非农转变、产业非农转变、用地形态非农转变以及生活方式、制度和精神文化由乡村型向城镇型转变等过程,在地域空间上则表现为外部人口向城镇地区集中,城镇地区人口和用地规模扩张,或者乡村地区嬗变为城镇地区的发展过程"[2]。具体而言,从人口学角度看,城镇化就是农民进城的过程,即农民非农化;从地理学角度看,城镇化是城镇数量增多和城市规模扩大逐步占用农村地域的过程,即农村城市化;从社会学角度看,城镇化指的是农村地区的生产方式和生活方式向城市地区的生产方式和生活方式转变的过程,即农民市民化;从文化学角度看,城镇化指的是城乡文化在交流交融过程中逐步消除城乡差异,实现城乡文化共享的过程,即文化一体化。

城镇化过程是人在更大程度上摆脱自然束缚的过程,也是更大程度上实现人的解放、人的自由和人的发展的过程。概括来说,城镇化是农村的生产要素(包括人口、生产资料等)不断向城镇转移和集聚的过程,其本

---

① 本书在使用城镇化时,仅指我国城市化的特殊语境,在描述国外情况时一般使用"城市化"。

② 潘培坤,凌岩. 城镇化探索 [M]. 上海:同济大学出版社,2012:159.

质是空间结构、经济结构、社会结构和文化结构良性而有序的变迁。城镇化的三大特征：一是农业从业人口向第二、第三产业转移，这是城镇化的最显著特征；二是城市常住人口在总人口中的比重增加，即城镇化率提升，这也是衡量城镇化水平最重要的指标；三是城市用地规模和建筑空间的扩大。①

三、"城市病"

现代"城市病"最早出现在英国。18 世纪 60 年代，随着工业革命的开展，英国城市人口呈爆炸式增长，人口激增引发了一系列经济社会问题。"城市病"这一提法正是出现于此时，英国经济史学家哈孟德夫妇将此称之为"迈达斯灾祸"。"城市病"是伴随城镇化发展所产生的必然结果，是城市各类问题的综合表现。

"城市病"是伴随城镇化出现的客观现象，它是城市发展到一定程度由于供给和需求失衡而导致的一系列消极现象。一般指的是一个国家或地区城镇化进程中出现的各类经济、政治、文化、社会、生态等方面的问题。

当前，我国已进入城镇化快速发展的关键阶段，各类城市问题更加突显。"城市病"问题是城市资源供需矛盾中供给不足产生的必然结果，当城市的资源、环境、基础设施难以满足人类日益增长的需求时，就会产生城市病。当城市有限的资源不能承载超负荷的人口压力和人类需求时，城市秩序和功能就会发生紊乱，产生一系列诸如住房紧张、交通拥堵、治安混乱、生态恶化等种种城市问题。"城市病"的产生有自身的演变过程，人口压力在一定程度上加剧了城市病的严重性，但并不是"城市病"发生的绝对原因。"城市病"不是城市发展的"癌症"，具有明显的阶段性特征。

---

① 焦晓云. 当代中国人的城镇化研究［M］. 长春：吉林大学出版社，2018：24－25.

基于此，本书对"城市病"的本质作如下判断："城市病"是指城市的快速发展、城市的不断扩张、人类的各种需求已经超过城市现有资源、生态环境、基础设施所能承载的极限，由供需失衡而导致的一系列经济社会问题。但随着经济结构调整、产业功能健全、政治制度革新、基础设施完备、生存环境优化以及人的综合素质提升，"城市病"问题终将解决。这一论断的科学性在于：

第一，有利于消除人们对"城市病"问题的误解。"城市病"与城市规模并没有必然联系，并不是只有大城市和特大城市才会产生"城市病"，这类问题在很多中小城市也普遍存在。"城市病"的产生并不单纯是由人口增长导致的，而是城市发展中需求无限性与供给有限性之间的矛盾导致的，是多因素综合作用产生的客观结果。这一界定有利于人们跳出城市规模过大才会导致"城市病"的思维怪圈，从而将人们从"大城市病""特大城市病"等错误思路中解放出来。

第二，揭示了"城市病"是城市化进程中普遍存在的现象。只要一个国家或地区推进城市化建设，就不可避免地会产生城市问题，只不过不同国家、不同地区的表现形式有所不同，在不同时期呈现不同的阶段性特征。

第三，揭示了"城市病"的一般规律。"城市病"是城镇化过程中的"异化"状态，是经济社会发展中供给和需求的矛盾导致的结果。"城市病"是"动态"的发展过程，而非"静态"的发展结果。由于城市的资源、服务等供给有限，只要进行城镇化的国家必然会出现"城市病"问题，但随着经济社会发展，"城市病"问题终将得到妥善解决。

需要进一步指出的是，"城市病"并不是完全具有制度属性。资本主义社会有"城市病"，社会主义社会也有"城市病"，但两者存在较大的不同。西方发达国家的城镇化主要由市场推动，但由于市场的滞后性等特征，使得理想市场所必需的"完全理性"和"完整信息"缺位，再加上城市的公共产品和公共服务与市场相脱节，这必然导致各类社会问题的产生。我国城镇化具有较为鲜明的政府主导特征，政府在城市规划和城市治理中的积极作用毋庸多言，但政府也不是万能的，政府也会失灵，拉美国家严重的城市问题就是政府失灵的典型代表。在社会主义市场经济条件下，如何充分发挥市场的决定性作用和更好发挥政府作用是需要深入思考的问题。另外，如何充分发挥社会主义制度优势，高效地推进"城市病"治理也需要进一步重视和研究。

四、治理与城市治理

治理在词源上包括两个含义。一是管理和统治，荀子曾经指出："明分职，序事业，材技官能，莫不治理，则公道达而私门塞矣，公义明而私事息矣。"二是修理、整治，如治理黄河等。治理一词，在英文中指向的是"governance"。"治理"（governance）与"政府"（government）一样，最早起源于希腊动词"kubernaein"（掌舵）。在英文语境中，早期与政治领域的管理问题息息相关。

当代"治理"一词，最早出现于 1989 年世界银行的报告中，后来传入中国。在中国一度出现滥用的情况，也存在着某种误读：一种情况认为"治理"就是政府的管理方式，一种情况认为"治理"更多强调的是民众的参与。事实上，"治理"指的是所有参与主体共同管理公共事务的方式的总和，它是调和利益并促成共同行动的过程。城市治理，广义是指一种城市地域空间治理的概念，为了谋求城市中的经济、社会、生态等方面的可持续发展，对城市中的资本、劳动力、土地、信息、技术等要素进行整合，实现地域整体的协调发展。狭义的城市治理是指城市范围内政府、私营部分、非营利组织作为三种主要的组织形态组成相互依赖的多主体治理网络，在平等的基础上按照参与、沟通、协商、合作的治理机制，在解决城市公共问题、提供公共服务、增进城市公共利益的过程中相互合作的利益整合过程。① 所以城市治理就有内部治理和外部治理两个方面，而良好的城市治理就包括了

---

① 张红樱，张诗雨. 国外城市治理变革与经验 [M]. 北京：中国言实出版社，2011：21.

城市发展的全方面可持续性、权力和资源的下沉、决策过程中的公平、提供公共服务和促进当地经济发展的高效、决策者和利益相关方的透明度和责任制、市民参与和市民作用的发挥等。① 由此看，城市治理就是政府、组织、个体参与城市管理、解决各种矛盾、协调各种利益的过程。

第四节　研究思路及研究方法

一、研究思路

本书以马克思主义及其中国化的理论成果为指导，按照"提出问题—分析问题（历史研究、现实研究、比较研究）—解决问题"的思路展开，在理论分析和实践调研的基础上，对"城市病"的现状、类型等问题进行概括梳理，分析原因，提出对策。具体见图 0 - 1。

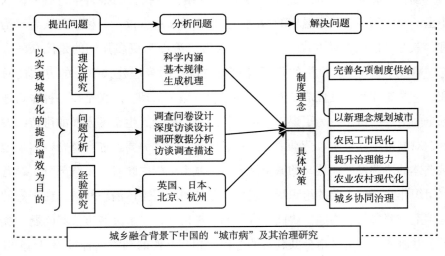

图 0 - 1　本书研究思路

① 张红樱，张诗雨. 国外城市治理变革与经验［M］. 北京：中国言实出版社，2011：22 - 23.

二、研究方法

（1）文献研究法。全面收集和整理国内外相关文献资料，按照一定逻辑进行分类，并对文献进行辨别、考证与整合。通过对相关文献的细致研读，归纳整理出最为核心的参考资料。详细考察国内外研究状况，发现其中的薄弱之处，明确本研究的切入点。

（2）历史分析法。追溯新中国成立以来我国城镇化的发展史，按照历史发展轨迹梳理概括我国"城市病"的发展阶段和现实表现，为掌握"城市病"规律和治理"城市病"难题奠定基础。

（3）比较研究法。比较研究典型国家和城市（典型国家如英国、日本；典型城市如北京、杭州）治理"城市病"的政策措施，分析其"城市病"治理的经验启示，提供治理的借鉴。

（4）理论联系实际法。本书主要以马克思主义及其中国化理论为指导，以中国新型城镇化进程中"城市病"问题为研究对象，坚持理论指导与现实问题相结合，通过分析"城市病"的本质、"城市病"类型和在当前的表现及成因，以及借鉴国内外相关经验基础上，有针对性地提出在城乡融合背景下治理中国"城市病"的相关对策。

第五节　研究的重点与难点

一、研究重点

"城市病"在世界城镇化进程中都不同程度地存在着，因此，科学界定"城市病"的概念，不仅对正确认识和解决中国的"城市病"问题意义重大，在一定程度上也对世界"城市病"问题的解决具有重大推动作用。因此，界定"城市病"的科学内涵并分析其演变规律是本书研究的一个重点。提出问题和分析问题是基础，但解决问题才是关键。因此，在科学准确地把握城乡融合背景下中国"城市病"的"病症"和"病因"，在借鉴国内外相关治理经验基础上，提出在城乡融合背景下治理"城市病"的针对性对策是本研究的另一个重点。

二、研究难点

一是根据"城市病"的生成机理构建"城市病"的生成机理模型，进而从整体上归纳概括"城市病"的一般规律和成因，通过历史考察准确把握城乡融合背景下我国"城市病"生成的主要原因是本书的一个难点；二是本书涉及的概念较多，厘清概念边界，防止概念的交叉和重合是一个难点；三是在马克思主义中国化的学科视野下，在城乡融合的大背景下开展"城市病"治理研究，也是本书研究的另一个难点。

第一章

"城市病"治理的思想来源

城镇化是现代化的必由之路，城市是一个地区政治、经济、文化活动中心。根据世界城镇化发展经验和我国的实际，目前我国已经进入"城市病"高发频发期。人口、资源、环境、交通、就业压力等对城市发展的制约作用日益明显，城市中逐渐出现诸如城市贫困、房价高企、人口膨胀、交通拥堵、环境恶化等"城市病"，成为阻碍城市健康发展的"绊脚石"，成为我国城镇化提质增效和改善人民生活水平的主要瓶颈。因此，坚持以马克思主义及其中国化的理论为指导，提出有针对性的标本兼治的治理对策，已是刻不容缓。理论是行动的先导，"理论一经掌握群众，也会变成物质力量"①，在分析现实问题之前，系统梳理和深入研究"城市病"治理的基本理论，将为科学治理"城市病"提供基础和前提。

第一节　马克思主义经典作家城乡关系思想

一、马克思和恩格斯的城乡关系理论

城市是从农村中生成的，是社会生产力发展到一定阶段和一定程度的

---

① 马克思恩格斯选集（第一卷）[M]．北京：人民出版社，2012：9．

必然结果。只有技术的进步，生产力的发展，农业劳动生产率得到提升，农业才有剩余，农村才能以较少的劳动力生产出能够养活大量人口的农产品，农村剩余人口才有了向其他生产部门和区域流动的前提。随着工业化的发展，机器大工业的协作需要推动劳动力、资金、劳动资料等的聚集，近代城市由此产生和发展。

第一，城市化的基本动力在于农业劳动生产率的提高。马克思认为，农业劳动是其他一切劳动得以独立存在的自然前提和基础。① 因为"食物的生产是直接生产者的生存和一切生产的首要条件，所以……农业劳动，必须有足够的生产率"②。粮食的生产是人生存的首要前提，农业劳动生产率的提高，才使劳动力从农业部门向其他生产部门的流动具有可能，也给城市工商业的发展提供了原材料和市场空间，推动了城市化进程。

第二，城乡分离是社会分工发展和生产力水平提高的结果。城乡关系发展的深层次原因要从生产力发展的进程中寻找。原始社会极端低下的生产力水平下，没有剩余产品，每个人每天都要为生存而辛劳，没有剩余劳动力，所有人同时从事相同的工作，缺乏大规模的分工和交换，城市和乡村是一体的。随着生产工具的进步，劳动生产率提升，剩余产品大幅增加，社会分工出现，一种异质于原有农业生产方式的新生产形态出现，城镇从农村的土壤中萌生。马克思指出，"一个民族内部的分工，首先引起工商业劳动同农业劳动的分离，从而也引起城乡的分离和城乡利益的对立。"③ 可以说，城市的产生本身就是与之相对立的新生产方式发展的结果，这种分工在早期规模还比较少。而在封建主义制度的繁荣时代，分工也是很少的。"除了在乡村里有王公、贵族、僧侣和农民的划分，在城市里有师傅、帮工、学徒以及后来的平民短工的划分之外，就再没有什么大的分工了。"④

① 马克思恩格斯全集（第二十六卷）[M]. 北京：人民出版社，1972：28 – 29.
② 马克思恩格斯全集（第二十五卷）[M]. 北京：人民出版社，1974：715 – 716.
③ 马克思恩格斯选集（第一卷）[M]. 北京：人民出版社，1995：68.
④ 马克思恩格斯选集（第一卷）[M]. 北京：人民出版社，1995：71.

随着机器大工业的发展和生产方式的进步，这种分离基础上的对立越来越大，由于商品需求和利益驱动，社会分工日益稳定。"每一种操作分配给一个手工业者，全部操作由协作工人同时进行。这种偶然的分工一再重复，显示出它特有的优越性，并渐渐地固定为系统的分工。"① 由于技术进步和分工的日益发展，传统的乡村手工业生产方式根本无法适应日益激烈的市场竞争，从而逐渐破产，资源进一步向城市集中。城市不断汲取农村资源而获得自身的发展。

第三，城乡融合是生产力发展的未来趋势和必然结果。城乡之间的对立不会永远存在，这种对立只是在特定的生产条件下出现的一种阶段性现象，会随着生产力的发展和进步，走向城乡融合。马克思从辩证唯物主义出发来论述这个问题，他指出，"消灭城乡之间的对立，是社会统一的首要条件之一，这个条件又取决于许多物质前提"②。而生产力的发展是最重要的物质前提，没有生产力的高度发展和社会财富的高度积累，城乡融合难以实现。首先是因为城乡的融合需要城乡之间紧密的频繁的交往，而"只有随着生产力的这种普遍发展，人们的普遍交往才能建立起来"③。再者，城乡之间的文化差别缩小是融合的重要条件，只有在高度发达的生产力条件下，每个人才能都有比较"充分的闲暇时间去获得历史上遗留下来的文化"，从而才能把这一切"从统治阶级的独占品变成全社会的共同财富并加以进一步发展"。④ 最后，只有生产力水平高度发达了，无论是城市还是乡村居民才能充分享受到财富的溢出效应，才有可能把劳动成果全部拿来分配给所有的社会成员，从而每个人的劳动时间就会大大缩短，这样一切人"都有足够的自由时间来参加社会的理论的和实际的公共事务"⑤。从而在共同管理公共事务的过程中，缩小人与人之间的差异，破

---

① 马克思恩格斯全集（第二十三卷）[M]. 北京：人民出版社，1972：375.
② 马克思恩格斯全集（第三卷）[M]. 北京：人民出版社，1960：57.
③ 马克思恩格斯选集（第一卷）[M]. 北京：人民出版社，1995：86.
④ 马克思恩格斯选集（第三卷）[M]. 北京：人民出版社，1995：150.
⑤ 马克思恩格斯选集（第三卷）[M]. 北京：人民出版社，1995：525.

除城乡藩篱，实现城乡融合。

第四，实现城乡融合的前提条件是废除私有制。生产力是历史发展的深层决定性因素，但城乡之间的融合除了取决于生产力的高度发展，还取决于生产资料的归属，看生产资料是不是归人民所有。因为在资本主义制度下，生产资料是归资本家占有的，这就要求废除资本主义的私人占有制度，实现生产资料的公有制。"因为工业、农业、交换的共同管理将成为工业、农业和交换本身的物质必然性的日子日益逼近，所以，私有财产一定要被废除。"① 只有在生产资料公有制条件下，先进的技术所创造出来的社会财富才能公正地为社会中绝大多数劳动者所共享，减小由分配不正义带来的城乡发展差别。要消灭城乡对立，最重要条件是既要"工业生产资料归社会公有，而且使农业生产资料归社会公有"②。

马克思认为，"私有制只有在个人得到全面发展的条件下才能消灭"③。当生产力达到一定水平后，与之相匹配的交往形式也将是全面的，而只有获得了全面发展的个体才使得占有这种生产力成为可能，即劳动成为全面发展的人的自由自觉的活动。因此，要不断推动人的全面发展，逐步用"那种把不同社会职能当作互相交替的活动方式的全面发展的个人"替代那些"只是承担一种社会局部职能的局部个人"。④ 从而使城乡全体社会成员均有能力掌控高度发达的社会生产力，实现城乡的全面融合。

综合分析，马克思主义认为，城乡分离是社会生产力发展到一定阶段的历史现象，实现城乡的再度融合离不开生产力的高度发展，也必须要在制度层面废除私有制，在此基础上，实现人的全面发展。这些都是实现城乡融合的必要条件。

---

① 马克思恩格斯选集（第一卷）[M]. 北京：人民出版社，1995：211.
② 马克思恩格斯全集（第二十三卷）[M]. 北京：人民出版社，1965：806.
③ 马克思恩格斯全集（第三卷）[M]. 北京：人民出版社，1960：516.
④ 资本论（第一卷）[M]. 北京：人民出版社，2004：561.

二、列宁关于消灭城乡对立的思想

列宁将马克思主义的基本原理和俄国的具体实际相结合，开启了俄国社会主义革命和建设的实践。城乡对立是资本主义发展的必然结果，在资本主义条件下，俄国并不具备城乡融合的可能性。只有消灭私有制，才有可能实现消灭城乡对立的目标。在俄国社会主义公有制建立以后，列宁从城市对农村发展的带动、商品经济的发展、电气化的实现以及工农联盟的建立等方面分析了城乡融合的条件。

首先，城市是历史发展的必然趋势，对社会的发展进步和人的自由全面发展有着重要的作用。在一个现代的国家，城市是政治、经济和人民精神生活的中心，城市比乡村发展更迅速，是社会前进的主要动力。列宁认为，城市发展起来以后，要引领、帮助农村发展，"城市必然要带领农村，农村必然要跟城市走"①。他还认为，要先发展城市，再让城市带动农村，并且要增强这项工作的"自觉性、计划性和系统性"②，通过城市发展对乡村的带动，推动乡村的发展，缩小城乡差距。

其次，列宁强调在消灭城乡对立过程中商品经济和电气化的作用。列宁指出，只有发展商品经济，才能让越来越多的农业人口从农业中分离出来，农业人口逐渐减少，工业人口增加起来。③ 因此，可以在农村推动农产品的商品化，促使农业人口向城市转移。同时，列宁认为科学技术是重要生产力，要重视科技力量在推动城乡融合中的重要作用。他主张在俄国实现电气化，"实现电气化将是走向按共产主义方式组织社会经济生活的第一个重要阶段"④，社会主义建设要想高速有效进行必须建立在电气化的基础之上。只有这样，社会主义建设才会消弭"旧日那种工农业的相互

---

① 列宁全集（第三十八卷）［M］. 北京：人民出版社，1986：6.
② 列宁选集（第四卷）［M］. 北京：人民出版社，1995：766.
③ 列宁全集（第三卷）［M］. 北京：人民出版社，1984：20.
④ 列宁全集（第三十八卷）［M］. 北京：人民出版社，1986：169.

隔绝状态",才会消除"产业工人和农业工人之间的对立"。⑤ "在现代最高技术的基础上,在把城乡连接起来的电气化的基础上组织工业生产,就能消除城乡对立,提高农村文化水平,甚至消除穷乡僻壤那种落后、愚昧、粗野、贫困、疾病丛生的状态。"①

最后,在上层建筑层面,列宁强调必须要将农民和工人联合起来,建立巩固的工农联盟。只有如此,实现城乡融合才有了坚实的阶级基础和政治保障。苏维埃政权要改造农村生产方式,实现生产的快速恢复发展和打破城乡分离,只有一条道路,那就是工人和农民结成联盟,结成巩固的工农联盟,要从经济的层面入手,因为"农业人口和非农业人口的生活条件接近才创造了消灭城乡对立的条件"②。加强城乡产品的交换,逐步消除城乡对立。

三、斯大林关于城乡融合的思想

斯大林在列宁的基础上对城乡融合、协调发展的问题进行了进一步的实践探索,明确了城乡对立的本质,制定实施了城市带动乡村发展的路线方针,对苏联的实践产生了深远影响。

首先,资本主义制度下城乡对立的实质是利益对立,因为城市剥夺了乡村发展的资源和农民的切身利益。但是,"随着资本主义和剥削制度的消灭,随着社会主义制度的巩固,城市和乡村之间、工业和农业之间利益上的对立也必定消失"③。社会主义制度下,生产资料归包括农民在内的全体社会成员共有,产品共同分配,城乡和工农的根本利益一致,城乡之间的关系建立在新的基础上,"城乡之间的对立将加速消除"④。其次,社会主义事业应当从城市开始。斯大林指出,"城市是农村的领导者,所以

---

① 列宁全集(第三十八卷)[M]. 北京:人民出版社,1986:117.
② 列宁全集(第二卷)[M]. 北京:人民出版社,1984:197.
③ 斯大林选集(下卷)[M]. 北京:人民出版社,1979:557.
④ 斯大林选集(下卷)[M]. 北京:人民出版社,1979:223.

任何社会主义事业都应当从城市开始"①。城市发展的同时，要积极发挥城市对农村的引领和拉动作用，农村在物质和文化方面都要跟着城市走，一定要跟着城市走。② 城乡结合，需要加强城乡之间、工农之间、工业品和农产品之间的经济联系，保持经常的交换，在这种交换的过程中，城市带动农村生产力和文化的发展，使城乡之间有共同的生活和文化条件，从而缩小城乡差别，实现城乡融合。最后，在苏联城乡融合具体路径的选择上，斯大林强调集体农庄的发展模式。他认为集体农庄的生产方式可以为消灭城乡之间的对立创造经济的和文化的基础，落后的农村经济要实现机械化和电气化，只有通过集体农庄才能进行，因为集体的农庄，是采用机器和拖拉机的主要基地，"千百万个体小农才能参加拥有机器和拖拉机的大经济"③，集体农庄能最顺利最迅速地发展经济。"集体农庄的伟大意义，正在于它是农业中采用机器和拖拉机的主要基地，是用社会主义精神去改造农民、改造农民心理的主要基地。"④ 斯大林还认为，通过集体农庄运动能消灭城乡"剪刀差"，也只有通过集体农庄的形式，才能更好地改造农民，并在文化层面缩小城乡差距。斯大林也认识到集体农庄的不完善性，强调要使农民成为真正的社会主义社会的劳动者，就要克服他们的个人主义心理，集体农庄必须做很多工作。⑤

第二节　马克思和恩格斯对资本主义国家　"城市病"的揭露和批判

资本主义城市化的进程与资本主义的机器大工业发展同步进行，在此过程中，工业和城市的早期发展在给人类生活带来进步的同时，也带来严

---

① 斯大林全集（第一卷）[M]. 北京：人民出版社，1953：199.
② 斯大林选集（上卷）[M]. 北京：人民出版社，1979：449.
③ 斯大林选集（下卷）[M]. 北京：人民出版社，1979：228.
④⑤ 斯大林选集（下卷）[M]. 北京：人民出版社，1979：227.

重的"城市病"问题。从 19 世纪 40 年代开始,马克思和恩格斯在大量实践调查的基础上,对资本主义"城市病"的表现、根源和解决路径等都进行了相关理论思考。揭露和批判资本主义国家"城市病"的内容分散在马克思的《1844 年经济学哲学手稿》《资本论》《政治经济学批判大纲》、恩格斯的《英国工人阶级状况》《自然辩证法》《反杜林论》等著作中。

一、马克思和恩格斯对资本主义国家"城市病"现象及危害的揭露

马克思和恩格斯揭露和批判"城市病"的时代背景。一方面是工业的高速发展。19 世纪 40 年代,以蒸汽机的广泛应用为标志,英国完成"工业革命",成为世界上第一个工业强国。煤炭作为蒸汽机的燃料被广泛应用,就造出了"工业黑化"和"文明的毒气"。他们举了一个发生在 19 世纪初在曼彻斯特工业区发现的一种黑色的飞蛾的例子,之前这种飞蛾是浅色的,后来煤炭在工业区的大量使用和烟雾的排放,致使 95% 以上的工业区都是这种黑色的飞蛾。这些黑色有毒气体,也是后来英国众多"环境公害"事件的罪魁祸首。除了空气的污染,还有河流和土壤的污染。另一方面是工业的发展带动城市化的快速发展。工业革命带动了世界史上史无前例的非农化和城镇化浪潮。源源不断的工人涌向城市,正如马克思和恩格斯在《共产党宣言》中指出的那样,"资产阶级使乡村屈服于城市的统治。它创立了巨大的城市,使城市人口比农村人口大大增加起来,因而使很大一部分居民脱离了乡村生活的愚昧状态"①。

马克思、恩格斯对资本主义国家"城市病"的揭露主要从两方面展开。一是城市自然环境的破坏。除了上述文中提到的空气污染,严重的水污染也是马克思和恩格斯所揭露的对象。恩格斯写道:"伍珀河带着泥沙从你身旁懒洋洋地爬过,同你刚才看到的莱茵河相比,它那副可怜相会使

---

① 共产党宣言 [M]. 北京:人民出版社,1964:26.

你大为失望"①。因为这条狭窄的伍珀河泛着红色波浪，它时而缓慢、时而急速地流过烟雾弥漫的工厂厂房，流过堆满了棉纱的漂白工厂，而河流则是源于许多使用土耳其红颜料的染坊。还有英国著名的"皇家之河"泰晤士河，两岸无数的工厂排出大量的多种颜色的工业污水和居民的生活污水，让这条"母亲河"的水质不断恶化，在工业化高峰时期，泰晤士河的水生生物基本绝迹，成了一条著名的臭水沟。二是城市人口爆炸式增长，但居住条件极其恶劣。恩格斯详细论述了工业化是如何推动城市化的，他指出，"人口也像资本一样地集中起来；这也是很自然的，因为在工业中，人——工人，仅仅被看作一种资本，他把自己交给厂主使用，厂主以工资的名义付给他利息"②。工人在一起劳动，劳动时间长、强度大，就必须住在工厂附近，于是工厂的附近就形成了完整的村镇。工人们有了生活的需要，自然地"手工业者、裁缝、鞋匠、面包师、泥瓦匠、木匠都搬到这里来了"③。这样城市人口就日渐聚集起来，小城市变成大城市，城市人口自然也就膨胀起来。英格兰72个大中城市60年间共增加540多万人。④人口的急剧增加，使得住房十分紧张，工人的生活条件十分恶劣。他们举例，"在伯明翰工人大部分都住大杂院里，一个大杂院住了2000多人，这种大杂院通常很狭窄、肮脏、空气不流……其肮脏是无法形容的……都脏得令人作呕，发出一股霉臭"⑤。

不仅揭露和批判"城市病"现象，马克思、恩格斯还深刻分析了"城市病"带来的危害。一是"城市病"对生态的破坏。在《自然辩证法》中，恩格斯就强调指出，"文明和产业的整个发展，对森林的破坏从来就起很大的作用，对比之下，对森林的护养和生产，简直不起作用"⑥。

---

① 马克思恩格斯全集（第二卷）[M]. 北京：人民出版社，2005：39.
② 马克思恩格斯全集（第二卷）[M]. 北京：人民出版社，1957：300.
③ 马克思恩格斯选集（第二卷）[M]. 北京：人民出版社，1957：287.
④ 王章辉. 欧美农村劳动力的转移与城市化[M]. 北京：社会科学出版社，1997：22.
⑤ 马克思恩格斯选集（第二卷）[M]. 北京：人民出版社，1957：318.
⑥ 马克思恩格斯选集（第二卷）[M]. 北京：人民出版社，2012：366.

他还指出,"资本主义农业的任何进步,都不仅是掠夺劳动者的技巧的进步"①,在这个过程中,自然和人之间的关系被异化。资本主义城市化对传统农业生产方式的破坏,会给生态环境乃至城市里生活的工人带来生存危机。资本主义通过复杂形式汇聚了全社会的动力,推动着经济社会的发展,但与此同时,这种发展又是以破坏人与自然正常物质转换为代价的,使得土地消耗的能量不能及时得到补充,从而破坏了土地的原始状态,即破坏了自然环境。自然环境的破坏又反过来影响工人的身体健康和精神生活。

二是由于城乡没有协调发展,在城市对农村剥夺性发展过程中扩大了城乡差距。"城市已经表明了人口、生产工具、资本、享受和需求的集中这个事实;而在乡村则是完全相反的情况:隔绝和分散。"② 城乡差距过大,导致大量农村剩余人口无序地盲目地向城市聚集,使城市不堪重负,严重影响城市的生活品质和进一步的发展空间。居住环境的恶化、生存空间的狭窄、医疗卫生和教育条件不能及时跟上、公共服务的欠缺,这些带来了严重的城市生态问题。如恩格斯所发现的那样,他们因为没有地方处理,"被迫把所有的废弃物和垃圾、把所有的脏水、……令人作呕的污物和粪便倒在街上","腐烂的肉类和蔬菜都散发着对健康绝对有害的臭气"。③

三是城乡的分离与对立。在资本主义的城市化进程中,城市无止境地汲取农村的各种发展资源,既破坏了乡村的生存环境,也给城市本身的发展带来隐患。正如恩格斯在《反杜林论》中所指出的那样,"第一次大分工,即城市和乡村的分离,立即使农村人口陷于数千年的愚昧状况,使城市居民受到各自的专门手艺的奴役"④。首先,城乡对立状态下城市发展对农村资源的过度汲取直接阻碍了农村的发展,进而导致农民的贫困化。

① 马克思恩格斯选集(第二卷)[M].北京:人民出版社,2012:234.
② 马克思恩格斯选集(第一卷)[M].北京:人民出版社,2012:184.
③ 马克思恩格斯文集(第一卷)[M].北京:人民出版社,2009:410.
④ 马克思恩格斯选集(第三卷)[M].北京:人民出版社,1995:642.

资本主义的城市化进程中，城市和乡村的角色分工明显向城市倾斜，城市利用自身的经济吸引力和相关的政治权利，将农村定位为城市发展的资本积累来源地、原材料提供地、市场倾销地，在贸易中城市制定了不平等的游戏规则，对农村进行剥夺。农村在此过程中逐渐没落，最终也限制了城市的进一步发展。

二、马克思和恩格斯对资本主义国家"城市病"根源的揭示

马克思从资本的自我增殖本性和资本主义社会生产方式两个方面，深刻地揭示资本主义"城市病"的根源。首先，马克思在其著作中将资本定义为一种生产关系，认为"纺纱机是纺棉花的机器，只有在一定的关系下，它才成为资本"[①]。在《1857 - 1858 年经济学手稿》中，马克思指出，资本显然是关系，而且只能是生产关系。[②] 在《资本论》中马克思又进一步指出，"资本不是物，而是……属于一定历史社会形态的生产关系"[③]。由此可以看出，在马克思那里，他始终把资本当作一种特定社会历史形态下的生产关系来看待的。作为一种生产关系，"资本决不是简单的关系，而是一种过程，资本在这个过程的各种不同的要素上始终是资本"[④]。资本不是静态不动的，它在其动态的运动过程中不断地创造出剩余价值，实现自我增殖，资本的这种内在本质决定了资本运动的最基本特征就是不断地自我增殖，这需要资本不断地在规模上扩张自身，把"个人的分散的生产资料转化为社会的积聚的生产资料"[⑤]。同时，在空间上尽可能地扩大市场，"力求摧毁交往即交换的一切地方限制，夺得整个地球作为它的市场"[⑥]。尽可能地支配更多的劳动资料，取得更大的利润。在这个过程中，

---

① 马克思恩格斯全集（第六卷）[M]. 北京：人民出版社，1979：486.
② 马克思恩格斯选集（第二卷）[M]. 北京：人民出版社，2012：770.
③ 马克思. 资本论（第三卷）[M]. 北京：人民出版社，2004：922.
④ 马克思恩格斯全集（第四十六卷）[M]. 北京：人民出版社，2003：213.
⑤ 马克思. 资本论（第一卷）[M]. 北京：人民出版社，1975：830.
⑥ 马克思恩格斯全集（第四十六卷）[M]. 北京：人民出版社，2003：33.

财富在积累,被资本所剥夺的对象的贫困也在积累。

其次,资本家是资本的人格化化身,由于资本自我增殖的本质,使得资产阶级具有了贪婪和唯利是图的本性,片面地追求利润,一切以降低成本为第一考量要素,而不会考虑对于生态环境的破坏,不会考虑工人阶级的生活环境如何改善等问题。在资本主义的生产关系中,人的世界与自然世界是主客的关系,两者是完全对立的。"只有在资本主义制度下自然界才不过是人的对象,不过是有用物;它不再被认为是自为的力量;而对自然界的独立规律的理论认识本身不过表现为狡猾,其目的是使自然界(不管是作为消费品,还是作为生产资料)服从于人的需要。"① 在这种观念支配和驱动下,自然甚至人本身都被当作了资本自我增殖的工具,被征服,被掠夺,自然、人本身乃至人与自然的关系都被异化了。

因此,资本主义的生产方式本身就蕴含着反生态反自然的特性,也与人的自由与全面发展的本性需要相悖。马克思认为,我们称为资本主义生产的是这样一种社会生产方式,在这种生产方式下,生产过程从属于资本,或者说,这种生产方式以资本和雇佣劳动的关系为基础,而且这种关系是起决定作用的、占支配地位的生产方式。② "资本主义工业化的生产方式有两种基本属性:一是资本属性,二是工业属性。资本属性体现在资本家对获取资本的极度贪婪上。只要能扩大生产、聚集财富,劳动者和自然资源都可以被无限牺牲。工业属性体现在工业化生产的极大反自然性。"③

三、马克思和恩格斯对治理资本主义国家"城市病"的思考

对于资本主义城市病问题的解决,马克思和恩格斯从人与自然之间辩证关系的角度出发思考问题,提出要打破人与自然之间的对立关系,实现

① 马克思恩格斯全集(第四十六卷)[M]. 北京:人民出版社 1979:39.
② 马克思恩格斯全集(第三十二卷)[M]. 北京:人民出版社,1998:153 – 154.
③ 解保军. 马克思对资本主义工业的生态批判[J]. 鄱阳湖学刊,2011(6):57.

人与自然的和解。马克思认为，自然是人类存在的前提和基础，先于人的存在而存在，不依赖于人的意识而发展，具有先在性和客观性。他指出，如果没有自然界，没有外部世界，工人什么也创造不出来，人依赖于自然界，而不是自然界依赖于人。① 而且，人本身的存在和发展就是自然界发展的产物，人本身都是自然界的产物，是人在生活的环境中和环境一起发展起来的，人类历史的本身"是自然史的即自然界成为人这一过程的一个现实部分"②。因此，人类的活动应该与自然的再生产过程相适应，在环境的承载能力范围内活动。现在"城市病"的产生，实质上就是在特定区域范围内，人类的活动超出了自然能够承受的范围，从而带来城市生存环境恶化等诸多问题。在马克思看来，人虽然是自然的产物，但人有自己的理性思维能力，有改造世界的主观能动性。人"通过实践创造对象世界，即改造无机界"，也就证明了"人是有意识的类存在物"。③ 这种主观能动性的发挥，如果能够在正确的思想意识指导下，按照科学的规律行事，是能够认识资本主义城市病产生的原因，并有计划地使外部世界按照自然和人需要的样子发展的。城市是人化的自然，而人化的有可能更美好。

具体来说，首先，自然生态系统有其自净和修复能力，我们要充分认识特定区域生态的临界压力状态，城市的工商业要根据城市生态恢复的需要，在临界点内合理地布局，控制污染的总量，减轻环境的压力。其次，要充分利用技术的进步，提高资源利用效率，减少城市工商业的废物。对于已经产生的城市生活生产废物，要利用科技手段，尽可能地将其重新纳入生产过程，循环使用。最后，从唯物史观的角度看，只有在共产主义制度下，人与自然关系才能从根本上和解，从而为"城市病"的解决提供制度前提。在资本主义社会中，由于生产资料的私人占有制，劳动被异化，人与人之间的关系也被异化，从而带来现代城市发展进程中的诸多问题。

---

① 马克思恩格斯全集（第四卷）[M]. 北京：人民出版社，1995：285.
② 马克思恩格斯全集（第四十二卷）[M]. 北京：人民出版社，1996：123.
③ 马克思恩格斯全集（第二十三卷）[M]. 北京：人民出版社，1982：364.

要改变生产者和生产资料分离的状态，就要废除资本主义的阶级体系，废除资本主义的国家，废除通过剥削他人建立的财富的阶级体系，从而建立"一个真正公正的世界，是一个无阶级的世界，是超越帝国主义、军国主义和其他为了积累配套工具的世界"①。因此，要解决现代城市病问题，就要摒弃生产资料的私人占有制，确立共产主义制度，从根本上解决现代城市发展中人与自然关系紧张、人与人关系紧张等问题。

第三节　中国共产党的城市建设和治理理念②

新中国成立以来，中国共产党领导全国各族人民开展建设，从农村走向城市，开始由城市领导农村。工业化、城镇化是走向现代化的必由之路。如何在一个以农民为主体的国家实现工业化和城镇化，是当代中国面临的重大课题。因此，在中国的城镇化道路上，始终要克服和解决的问题是：超大的人口规模，地理空间上的发展不平衡，经济转型、体制转换贯穿全过程，如何在较短的时间周期里实现城镇化，通往现代化。从整体上看，中国城镇化进程和先行的发达国家相比，有着自身在探索中逐步摸索形成的独特发展道路和实践模式，我们可以将中国共产党领导下的城镇化建设分成两个不同的历史发展阶段。一是 1949～1978 年，城镇化服务于国家的重工业发展目标；二是改革开放以来，在城市建设、城市管理和治理上呈现从封闭性逐步向开放性转变，从计划体制向市场化改变，从生产型逐步向生产生活并重转变，从以建设为核心逐步向以人为核心转变，从一元主导向多元参与转变的特点。

---

① Joel Kovel. The Eco - feminist Ground of Eco - socialism ［J］. Capitalism Nature Socialism, 2005 （16）.

② 治理是近年来引入政治学和经济学的一个概念，由于新中国成立以来城市建设、管理和城镇化历程时间跨度大，为方便，本节借用了"治理"来说明各个历史时期我国城市建设和城市的管理、治理。

一、改革开放前的城市建设和治理理念

新中国成立之前，以毛泽东同志为主要代表的中国共产党人就开始对农村和城市的工作问题进行了理论探索。中共七届二中全会指出，"从现在起，开始了由城市到乡村并由城市领导乡村的时期。党的工作重心由乡村移到了城市"①，并且强调人民政权要巩固，要尽快把恢复和发展城市的生产功能，把消费的城市变成生产的城市，对于城市的发展方向，强调"经济建设以重工业为中心"②。由此，新中国成立初期中国共产党主导的城市化进程和城市治理体现了明显重工业化导向的特征。

第一，强调城乡统筹发展。新中国成立初期的工作重心是城市和工业的发展，但农村和农业是国民经济的基础，是国家工业化的基础和保障。农业能为工业提供劳动力、原材料和市场，也是工业发展需要的资金积累的来源。"因此，在一定的意义上可以说，农业就是工业"③，"全党一定要重视农业"④。在学习苏联优先发展重工业的同时，也吸取苏联的教训，调整农、轻、重的比例，主张适当地调整重工业和农业、轻工业的投资比例，更多地发展农业、轻工业。⑤ 主张减轻农民负担，农业、轻工业、重工业协调发展。同时也主张城市反哺农村。毛泽东主张城市不能一味地从农村片面汲取自身发展的资源，还要对农村的发展提供智力、资金、设备等各方面的支持。"要说服工业部门面向农村，支援农业。"⑥对农村的医疗卫生事业发展，毛泽东非常重视，1965 年，发布了"六·二六"指示，强调要把"把医疗卫生工作的重点放到农村去……保证人民群众的健康"⑦。教育方面，毛泽东要求知识分子到农村去，为农村发展提供智力

---

① 毛泽东选集（第四卷）[M]. 北京：人民出版社，1991：1427 – 1428.
② 毛泽东文集（第七卷）[M]. 北京：人民出版社，1999：241.
③⑥ 毛泽东文集（第七卷）[M]. 北京：人民出版社，1999：200.
④ 毛泽东文集（第七卷）[M]. 北京：人民出版社，1999：199.
⑤ 毛泽东文集（第七卷）[M]. 北京：人民出版社，1999：24.
⑦ 中国二十世纪通鉴（第 4 册）[M]. 北京：线装书局，2002：4309.

支持，"农村是一个广阔的天地，在那里是可以大有作为的"①。大批知识分子深入农村基层，为农村经济社会的发展作出了巨大的贡献。

第二，实践上限制了农民流动，想通过大力发展农村的工业化，从而实现城乡一体化。新中国成立之前，毛泽东就设想，"中国这个国家，应有五千万到一万万的产业工人。如有五百万到八百万产业工人在我们这里，那事情也就好办了"②。毛泽东意识到，城市化发展的工人要从广大的农民群众中转化，要实现农民向城市产业工人的流动，他指出，"如果中国需要建设强大的民族工业，建设很多的近代的大城市，就要有一个变农村人口为城市人口的长过程"③。这种思路和西方发达国家农村人口向城市流动的经验是一致的。在实践中，在工业化道路的选择上，毛泽东的思想后来发生了转变，倾向走农村工业化的城市化道路。1958年，毛泽东提出，"要使人民公社具有雄厚的生产资料，就必须实现公社工业化，农业工厂化（即机械化和电气化）"④。通过这种公社层面的工业化，能够"逐步地使社会主义的集体所有制过渡到社会主义的全民所有制，逐步地使不完全的社会主义的全民所有制过渡到完全的社会主义的全民所有制，建成社会主义"⑤。由此，毛泽东希望能够通过农村工业化的发展，消除城乡发展差距，实现城乡一体化发展。希望通过对农民流动的限制，就地实现农村工业化，实现农村分散化的小型城市化，形成"比较独立的但是情况不同的工业体系"⑥。在实践中，主要通过户口制度、粮食统购统销制度和人民公社制度，构建城乡二元的体制，限制了农民的流动，推动了工业的发展。通过人民公社发展工业，也在一定程度上推动了农村工业的发展，改善了农村的生产和生活条件。

第三，城市管理通过建立单位制度，有效地把居民也组织了起来。所

---

① 毛泽东文集（第六卷）[M]. 北京：人民出版社，1999：462.
② 毛泽东文集（第五卷）[M]. 北京：人民出版社，1996：141.
③ 毛泽东选集（第三卷）[M]. 北京：人民出版社，1991：1077.
④ 建国以来毛泽东文稿（第7册）[M]. 北京：中央文献出版社，1992：515.
⑤ 建国以来毛泽东文稿（第7册）[M]. 北京：中央文献出版社，1992：504.
⑥ 毛泽东视察天津时的讲话 [N]. 人民日报，1958－8－16.

谓单位制度，就是指 1949 年以后为对公有体制内人员进行管理而设立的组织制度。这种制度既保证了公有制在宪法上的至高无上地位，也给了单位成员掌握国家权力的合法性。由于复杂而深远的历史原因，中国的单位制度，"具有政治、经济与社会的三位一体功能"①。建立单位制度这种城市管理模式具有以下几点非常明显的综合性和封闭性特征。一是集权色彩突出。城市的政治、经济、科技、社会、文化、教育等方方面面的事务均由国家和中央政府管理，城市和居民没有自主管理权限。二是城市管理的各个部门之间、不同单位之间条块分割，分工过细、各自为政，信息沟通不畅，管理效率低下。三是城市管理在行为上呈现出直接管理、微观管理、实物管理等特征，而没有大众的参与。四是城市管理在手段上忽视了经济手段、法律手段的综合运用，多采用行政命令的方式。通过单位制度，政府有效地把城市组织了起来，也严格管理了起来，但很显然，城市缺少了活力和张力。

二、改革开放以来的城市建设和治理理念

1978 年 12 月，党的十一届三中全会作出了把党和国家重心转移到经济建设上来，实行改革开放的历史性决策，让处于经济濒临崩溃边缘的中国巨轮重新调整到正确的航向。中国的改革首先是从农村拉开序幕的，城市的改革与开放紧随而至，于 20 世纪 80 年代中期正式开启，从兴办经济特区、沿海沿边沿江和内陆中心的对外开放到加入世贸组织，改革的力度越来越大，开放的大门也越开越宽。发展个体和私营经济、深化国资国企改革、发展混合所有制经济，从经济改革为主导到全面深化经济、政治、文化、社会、生态文明体制机制改革，改革没有停步。城市的建设和发展驶入了快车道，中国共产党人解放思想，与时俱进，实事求是地围绕城市建设和治理作出一系列重大判断，提出一些重要的观点，闪烁着马克思主义的思想光芒。

---

① 杨晓民，周翼虎. 中国单位制度 [M]. 北京：中国经济出版社，1999：3.

（一）邓小平城市建设与治理理念

党的十一届三中全会以来，以邓小平同志为主要代表的中国共产党人，在农业方面，支持家庭联产承包责任制，极大地解放了农村的生产力，激发了农民的积极性，劳动生产效率大大提高，这就在农村产生了大量剩余劳动力，为城镇化提供了重要条件。在城市改革方面，破除了僵化的计划经济体制，逐步建立了社会主义市场经济体制。一方面，通过利用外资和城市改革，鼓励农民和农村集体参与城镇化建设，积极推进非公有制经济发展，提供了大量的就业机会，城市建设积累了大量资金，促进了城镇化和城市的发展，温州模式和苏南模式应运而生。另一方面，国家充分发挥市场的调节机制，从管控转向开放，给农村和城市松绑，方便了人口的自由流动，城市建设就有了大量的劳动力。

邓小平主张要建好城市，就要不断扩大开放，充分利用外资弥补城市建设资金不足，也通过开放确保城市建设方式的多样化，要求"现在搞建设，门路要多一点"[①]。他强调，开放有两个方面内容，除了对内开放，更要注重对外开放。"现在城市改革已经搞了近三年的时间，要做的事情还多得很。对外开放，也很快收到成效。"[②] 通过开放"可以利用外国的资金和技术"，"华侨、华裔也可以回来办工厂"[③]，调动多种因素来推动我国城市建设进程。在邓小平的倡导下，按照国家确定的对外开放战略，天津、宁波、深圳、厦门、珠海等沿海港口城市相继对外开放，并设立为经济特区，取得了令人瞩目的成绩，不仅当地经济得到快速发展，而且带动了内地经济的发展，促进了各地的城市建设。

同时，邓小平还十分重视在城市建设过程中对生态环境的保护，他曾一针见血地指出："如果不把漓江治理好，即使工农业生产发展得再快，市政建设搞得再好，那也是功不抵过啊！"[④]

---

① 邓小平文选（第二卷）[M]. 北京：人民出版社，1994：156.
② 邓小平文选（第三卷）[M]. 北京：人民出版社，1993：224.
③ 中共中央文献研究室. 邓小平思想年编：1975～1997 [M]. 北京：中央文献出版社，2011：215.
④ 新中国成立后中国共产党认识和解决环境问题研究 [M]. 北京：人民出版社，2017：109.

再者，邓小平认为，在特定的历史时期内，城乡之间的发展差距不可避免，但可以通过城市、工业对农村、农业的反哺将差距控制在一定的范围内，并逐步缩小。"工业支援农业，促进农业现代化，是工业的重大任务。工业区、工业城市要带动附近农村，帮助农村发展小型工业，搞好农业生产。"① 城市和工业要认识到自身反哺农业的使命，制定明确的引领农村发展、带动农业经济的发展规划，推动农业现代化的发展。同时，农村、农业的发展也能够为城市和工业的发展提供更为充足的市场和原材料，"农业反过来又支援工业"②。二者相互支撑，共同发展进步。邓小平指出，"农业和工业，农村和城市，就是这样相互影响、相互促进。这是一个非常生动、非常有说服力的发展过程"③。

（二）江泽民城市建设与治理思想

1992 年春，邓小平南方谈话打破了进一步改革的思想枷锁，党的十四大确立了"我国经济体制改革的目标是建立社会主义市场经济体制"④。由此，我国改革开放进入了新的发展阶段，以江泽民同志为主要代表的中国共产党人在城市化发展方面围绕社会主义市场经济体制的建立，加快经济改革步伐，不断推进对城市的改革。

江泽民在邓小平城市建设与治理思想的基础上深刻指出，为了解决城市建设和资金不足的矛盾，上海"市委、市政府经过多次研究，提出采用吸引外资的办法来弥补国内资金的不足，加速上海城市基础设施建设"⑤。他已经开始看到一些国家的"城市病"问题，他提出，"我国二元经济社会结构的问题，要在工业化、信息化的进程中逐步加以解决"⑥，"在城市化过程中要防止产生'城市病'，这是一个大问题"⑦。

在扩大对外开放方面，江泽民提出，"在国家进一步实行对外开放政

---

① 邓小平文选（第二卷）[M]. 北京：人民出版社，1994（第 2 版）：28.
② 邓小平文选（第二卷）[M]. 北京：人民出版社，1994（第 2 版）：29.
③ 邓小平文选（第三卷）[M]. 北京：人民出版社，1993：376.
④ 十四大以来重要文献选编（上卷）[M]. 北京：人民出版社，1996：16.
⑤ 江泽民文选（第一卷）[M]. 北京：人民出版社，2006：14.
⑥⑦ 江泽民文选（第三卷）[M]. 北京：人民出版社，2006：409.

策的新形势下，要进一步扩大对外经济技术交流……加速技术进步"①。还要"必须更好地实施'引进来'和'走出去'同时并举、相互促进的开放战略，努力在'走出去'方面取得明显进展"②。此外，还要"尽快适应新形势新要求，学会运用世界贸易组织规则开展经济活动。要抓住机遇，更好地利用国内外两个市场、两种资源，把'引进来'与'走出去'结合起来，全方位地发展开放型经济。要继续扩大利用外资的规模，拓宽利用外资的领域和渠道，注重提高利用外资的水平，更多地引进先进技术和管理经验"③。

江泽民还强调，我国的城市化必须要与社会主义初级阶段的基本国情相适应，坚持可持续的发展战略，"必须把实现可持续发展作为一个重大战略"④。在城市建设中，虽然取得了巨大成就，但滥用土地、污染环境等问题也日益凸现出来。为此，1997年中共中央、国务院颁布了《关于进一步加强土地管理切实保护耕地的通知》，强调"保护耕地就是保护我们的生命线"，"必须认真贯彻'十分珍惜和合理利用每寸土地，切实保护耕地'的基本国策"⑤。在审批程序、过程监控、事后处理等方面确立了严格的制度，努力实现城市化的可持续发展。并且，政府及时充分地进行政策引导，促进协调有序发展。

（三）胡锦涛城市建设与治理理念

经过改革开放 20 多年的城镇化建设实践，以胡锦涛同志为主要代表的中国共产党人在总结经验吸取教训的基础上，对我国城镇化建设的规律有了较为深刻的认识。胡锦涛十分重视城市社区建设工作，他指出："要建设文明城市，就必须继续加强基层和基础建设，把建设文明社区摆在重要位置。要进一步认识加强社区建设、搞好社区工作的重要性。"⑥ 具体

---

① 江泽民文选（第一卷）[M]. 北京：人民出版社，2006：11.
② 江泽民文选（第三卷）[M]. 北京：人民出版社，2006：456.
③ 十五大以来重要文献选编（下）[M]. 北京：人民出版社，2003：2393.
④ 江泽民文选（第一卷）[M]. 北京：人民出版社，2006：463.
⑤ 十四大以来重要文献选编（下卷）[M]. 北京：人民出版社，1999：486.
⑥ 胡锦涛文选（第一卷）[M]. 北京：人民出版社，2016：542.

措施为：第一要把搞好社区服务作为社区工作的主题；第二要把做好低保工作作为社区的重要任务；第三要加强以社区党组织为核心的社区组织建设；第四要大力加强社区工作者队伍建设；第五要加强对社区建设的领导。①

胡锦涛也十分重视城乡的社会保障和对城市流动人口的管理，他指出，覆盖城乡居民的社会保障体系要加快建立，要保障人民群众的基本生活，推进以改善民生为重点的社会建设，不断完善社会管理，维护社会安定团结。② 同时，他也提出要加强和完善"流动人口和特殊人群管理和服务"以及"基层社会管理和服务体系"。③

在城乡关系方面，胡锦涛明确提出缩小城乡差距、实现城乡统筹发展的思想，强调要"按照统筹城乡、布局合理、节约土地、功能完善、以大带小的原则，促进大中小城市和小城镇协调发展"④。推动了我国城镇化建设的飞速发展。同时，他还强调要坚持以工促农、以城带乡的城镇化发展方针。在十六届四中全会上，胡锦涛提出了农村城镇化两个趋向的判断，"在工业化初始阶段，农业支持工业、为工业提供积累是带有普遍性的趋向；但在工业化达到相当程度以后，工业反哺农业、城市支持农村，实现工业与农业、城市与农村协调发展，也是带有普遍性的趋向"⑤。这表明，胡锦涛已经认识到城乡二元结构对城市化进一步发展的负面作用，开始重视和不断推进城乡一体化发展问题的解决，强调当时已经到了城市反哺农村、工业带动农业的发展阶段。2004 年，在中央经济工作会议上，他就强调"我国现在总体上已到了以工促农、以城带乡的发展阶段"⑥，要"适应我国经济发展新阶段的要求，实行工业反哺农业、城市支持农村

① 胡锦涛文选（第1卷）[M]. 北京：人民出版社，2016：542-544.
② 胡锦涛文选（第2卷）[M]. 北京：人民出版社，2016：645.
③ 胡锦涛文选（第3卷）[M]. 北京：人民出版社，2016：502.
④ 十七大以来重要文献选编（上卷）[M]. 北京：中央文献出版社，2009：19.
⑤ 十六大以来重要文献选编（中卷）[M]. 北京：中央文献出版社，2006：311.
⑥ 中央经济工作会议在北京召开 [N]. 人民日报，2004-12-6（001）.

的方针"①。在十七大报告中，党中央进一步明确指出，要 "建立以工促农、以城带乡长效机制，形成城乡经济社会发展一体化新格局"②，"形成以工促农、以城带乡、工农互惠、城乡一体的新型工农、城乡关系"③。

（四）习近平总书记关于城市治理的重要论述

当习近平接过前人的历史接力棒时，我国正处于改革的攻坚区、深水区，发展的关键时期，面临着 "四大考验" 和 "四大危险"。在这个历史节点上，习近平针对当前我国的具体实际，在城市治理和发展方面强调以人为核心的治理理念。

第一，强调人的城镇化是城镇化的核心问题。党的十八大以来，以习近平同志为核心的党中央充分认识到当代中国城镇化的基本规律，强调推进城镇化，要以人为核心，践行以人民为中心的发展思想。推进城镇化，关键是提高城镇化的质量，核心是人的城市化，目的是造福百姓和富裕农民。④ 如何推进人的城镇化，党的十八届三中全会明确指出，要 "坚持走中国特色新型城镇化道路"⑤，"推进农业转移人口市民化，逐步把符合条件的农业转移人口转为城镇居民"⑥。"从目前我国城镇化发展要求来看，主要任务是解决已经转移到城镇就业的农业转移人口落户问题，努力提高农民工融入城镇的素质和能力。"⑦ 2014 年，中共中央、国务院颁布了《国家新型城镇化规划（2014—2020 年）》，明确指出，"以人的城镇化为核心，合理引导人口流动，有序推进农业转移人口市民化，……使全体居民共享现代化建设成果"⑧。这是我国城镇化发展进程中的标志性文件，确立了人的城镇化的基本发展理念。

---

① 十六大以来重要文献选编（中卷）[M]．北京：中央文献出版社，2006：777．
② 十七大以来重要文献选编（上卷）[M]．北京：中央文献出版社，2009：18．
③ 十八大以来重要文献选编（上卷）[M]．北京：中央文献出版社，2014：19．
④ 南方日报评论员．城镇化的核心是人的城镇化 [N]．南方日报，2013 - 1 - 17（F02）．
⑤ 十八大以来重要文献选编（上卷）[M]．北京：中央文献出版社，2014：524，525．
⑥ 十八大以来重要文献选编（上卷）[M]．北京：中央文献出版社，2014：525．
⑦ 中央城镇化工作会议在北京举行 [N]．人民日报，2013 - 12 - 15（001）．
⑧ 国家新型城镇化规划（2014 - 2020 年）[M]．北京：人民出版社，2014：16．

第二，在人的城镇化发展条件方面，强调要"推动城乡发展一体化"①，并将其确立为"三农"问题解决的根本途径。所谓城乡一体化，就是打破城乡之间生产要素流动的壁垒，实现各生产要素在城乡之间的优化配置，实现城乡经济社会协调发展，消灭城乡差别，推动城乡融合。习近平强调，城乡一体化不能做表面文章，要给乡亲们造福，不能搞大拆大建，同时，城镇化建设要注意保留农村的传统文化，"农村绝不能成为荒芜的农村、留守的农村、记忆中的故园"②。他强调，城市化、农业现代化和新农村建设都要发展，同步发展，要推进城乡一体化发展，"把广大农村建设成农民幸福生活的美好家园"③。城乡一体化的发展是实现人的城市化的基本发展路径。

第三，推进人的城镇化要大力推进生态文明建设。习近平指出城镇化是工业化发展的结果，而工业文明发展到一定阶段，必须要建设生态文明。"良好生态环境是人和社会持续发展的根本基础。"④ 因此，要在生态文明建设的进程中推进人的城市化，"把城市放在大自然中，把绿水青山保留给城市居民"⑤。2013 年，习近平指出"我们既要绿水青山，也要金山银山。宁要绿水青山，不要金山银山，而且绿水青山就是金山银山"⑥。这种理念的提出，明确了我国城市化发展的基本方向。在中央城镇化工作会议上，习近平指出，要"尽可能减少对自然的干扰和损害，节约集约利用土地、水、能源等资源"⑦。

第四，关于城市治理的其他论述。党的十八大以来，习近平在许多重要会议和城市调研中，围绕城市治理有多次重要讲话，蕴含着非常丰富的城市治理理念。如关于城市治理，他强调要善于运用法治思维和法治

① 十八大以来重要文献选编（上卷）［M］. 北京：中央文献出版社，2014：18.
② 习近平关于社会主义社会建设论述摘编［M］. 北京：中央文献出版社，2017：124.
③ 南方日报评论员. 城镇化绝不能让农村荒芜［N］. 南方日报，2013 – 7 – 24（F02）.
④ 习近平谈治国理政［M］. 北京：外文出版社，2014：209.
⑤ 习近平关于全面深化改革论述摘编［M］. 北京：中央文献出版社，2014：110.
⑥ 习近平总书记系列重要讲话读本［M］. 北京：学习出版社，人民出版社，2014：120.
⑦ 中央城镇化工作会议在北京举行［N］. 人民日报，2013 – 12 – 15（001）.

方式解决城市治理顽症难题，努力形成城市综合管理法治化新格局。①关于城市治理现代化，他强调要健全城市管理体制，提高城市管理水平，尤其要加强市政设施运行管理、交通管理、环境管理、应急管理，推进城市管理目标、方法、模式现代化。② 关于城市精细治理，他强调要坚持以人民为中心的发展思想，着力推进社会治理创新，使超大城市精细化管理水平得到提升。③ 关于城市智慧治理，他指出要强化智能化管理，提高城市管理标准，更多运用互联网、大数据等信息技术手段，推进城市治理制度创新、模式创新，提高城市科学化、精细化、智能化管理水平。④

第四节　先发国家的城市和"城市病"治理理论

"城市病"是在工业化过程中，人口向大城市集中，城市应对能力不足，导致的种种社会问题，无论是发达国家还是发展中国家，都经历过或者正在经历着这个问题的困扰，所以城市和"城市病"治理是当今世界人类面对的共同课题。城市让生活更美好是城市治理的最终目标，由于时空和背景不同，各个国家面临的发展阶段不同，甚至同一个国家和同一个城市在不同的历史阶段都有不同的治理任务，而西方国家工业化起步早，城市化水平高，遇到的"城市病"问题也较多较早，"城市病"引起了社会学家、经济学家和城市学家等多个领域的高度关注。西方先发国家城市和"城市病"治理的理论也为我们提供了重要参考。

---

① 习近平. 在参加十二届全国人大五次会议上海代表团审议时的讲话［N］. 人民日报，2014 – 3 – 6（001）.
② 习近平. 在建设首善之区上不断取得新成绩［N］. 人民日报，2014 – 2 – 27（001）.
③④ 习近平. 在参加十二届全国人大二次会议上海代表团审议时的讲话［N］. 人民日报，2014 – 3 – 6（001）.

一、先发国家城市治理相关理论

西方学者在对城市治理的研究中，既有依据现有的城市治理提出城市治理模式，也有在理论层面上提出的解决现有城市问题的未来城市治理模式。总的来看，主要有以下几个方面的理论：

（一）皮埃尔的四种城市治理模式

皮埃尔（Jon Pierre）以西方发达国家城市发展模式为蓝本，在1999年抽象出当时西方城市的四种城市治理模式，分别是：管理模式、社团模式、支持增长模式和福利模式。

（1）管理模式。管理模式按照市场原则将城市公共服务的生产者与消费者视为市场的参与者。管理治理强调专业人员参与生产提供公共服务，而非政治精英参与。其目的是提高公共服务的生产和提供效率，并为这些服务的客户提供真正的产品选择。而关键则在于淡化公私差别，通过市场的专业管理手段来增强公共服务的生产和分配销量。在20世纪八九十年代，一些国家的地方政府相继出现财政危机，传统的民主参与模式逐渐被新公共管理主义所取代，以市场为导向的决定城市服务的生产者和消费者的倾向日益明显。

（2）社团模式。社团模式下的政府扮演着一种政治和民主制度，将社会团体和利益组织纳入城市的政治进程中。在城市治理的过程中，各个利益集团的高层直接参与，利益集团基层则间接参与，共同构成了城市治理的广泛参与。所有主要的利益代表集团，都能通过协商确保自身利益，同时参与城市服务的提供和政策制定。这一模式虽然能保障各方利益，但是公共成本高昂，容易给城市政府带来财政支出困难。因此，在一些国土面积较小、工业与民主政治皆高度发达的西欧国家中较为常见。

（3）支持增长模式。这种模式是当下城市政治中最为常见的模式。在这种模式下，政府官员和商业精英合作，共同参与城市治理，共谋城市经济发展，实现利益共享。其特征就表现为密切的公私互动。从过去几十年的经验来看，能够给城市带来长期和可持续的经济增长。良好的公司伙伴关系不仅促进了地方经济的发展，更重要的是建立了有利于投资的良好城市形象。

（4）福利模式。这种城市治理模式主要集中在老工业城市，其特征表现为地方经济停滞、被动地接受国家政策。在西欧，这种类型在法国里尔、德国鲁尔河谷、瑞典伯格斯拉根、英国英格兰米德兰和默西塞德以及英国苏格兰克莱德赛德等地区的前工业城市中很常见。而在这种类型的城市治理模式下，城市由于自身的经济增长有限，工业发展几近停滞，只能高度依赖国家政府的补偿，资本流入经济的主要途径就是国家的福利制度。同时福利模式敌视公众的政治参与和私营企业，而优先考虑政治或者行政渠道解决经济问题。这种模式的短视性是显而易见的。因此，在一些有发达经济基础作为保障的国家，这种模式尚且可以存在，但是对于一般的发展中国家来说，这种模式是相当不可取的。①

（二）协作型治理模式

英厄马尔·埃兰德提出"城市伙伴制治理模式"。这种模式兴起于20世纪90年代世界银行发起的"城市伙伴关系计划"。由于在西方城市治理的过程中，除了政府官员之外，还存在着非政府组织、企业、学术界、基金会等多种主体参与城市的活力、生产要素、竞争和管理的所有要素之中。世界银行在发起之时就提倡各种城市主体共同制定城市发展战略框架和长期发展的途径。"城市伙伴制"表现为城市政府与私人企业间存在着合作伙伴的关系；非营利组织或第三部门在城市的发展中发挥着越来越大的作用，它们不再是可有可无的组织而是城市发展中不可或缺的重要组成部分；重视社区建设，发挥社区的基础作用，城市治理采取多中心治理体系。在这种模式下，中央直接将城市治理的政策制定、决策权力和众多资源交给国际合作和伙伴制下的地方政府，而城市建设的战略和具体建设则

---

① Jon P. Models of urban governance: The institutional dimension of urban politics [J]. Urban Affairs Review, 1999, 34 (3): 372 - 396.

交给直接的当事人，例如工会、非政府组织、公司等，使其能动地发挥积极作用。①

（三）新公共管理模式

这种模式中较为典型的理论是艾斯本和盖布勒在《改革政府》一书中提出来的"企业化政府"模式，它对政府的职能和作用进行了新的定位。这一模式强调城市政府的职能、主体、任务和手段等四个方面的变革，要从"实干"转向"治理"，要发挥掌舵的作用、引入竞争机制、照章办事、服务大众、参与城市治理的协作等。

另外一种新公共管理模式则是盖伊·彼得斯（Guy Peters）在《政府未来的治理模式》一书中提出的四种治理模式，包括解除规制政府模式、市场化政府模式、灵活性政府模式、参与型政府模式。这四种模式是彼得斯依据当时西方的一些公共管理和行政改革的具体实践总结出的已经出现或者即将出现的治理模式。彼得斯从城市的组织结构、公共利益、管理过程以及政策制定等几个方面对这四种模式进行了深入分析，指出了其各自的理论基础和适用范围。

总之，新公共管理模式已经逐渐取代了传统的行政管理模式，在西方许多城市中都得到了或多或少的运用。

二、先发国家"城市病"治理相关理论

与中国城市的发展历史不同，西方国家自 17 世纪工业革命时期就已经开始了城市化的发展历程。中国现如今出现的很多"城市病"，诸如人口膨胀、环境污染、交通堵塞、住房困难等在西方国家的城市发展历史中都曾出现过。当然，这些城市在过去的几百年间，经过多年的探索和治理，已经逐渐缓解或者解决了这些问题，形成了许多治理经验。同时围绕

---

① 英厄马尔·埃兰德，项龙. 伙伴制与城市治理［J］. 国际社会科学杂志（中文版），2003（2）：4，20-33.

"城市病"治理,西方的学术界也形成了很多理论成果。

(一) 空想社会主义者的"乌托邦"

16 世纪开始,乌托邦思想的倡导者们提出了城乡协调发展的新模式,希望通过他们心中所造的理想社会组织结构来改变当时面临的诸多社会经济问题。如莫尔以期通过构建"乌托邦"社会设想避免城市与乡村的脱离。空想社会主义城市设想是把城市建设和经济制度联系在了一起,主张城市规模不宜过大,要与农村接近,更好地促进城乡的结合。同时还重视城市居民的公共生活和集体生活,建立了各种公共设施。19 世纪上半叶,继莫尔等人之后的一些空想社会主义者提出设想把改良住房、改进城市规划作为医治城市社会病症的措施之一。他们的理论和实践对后来的城市规划理论有一定的影响。其中为了医治英国的"城市病",罗伯特·欧文充当了开路先锋,他在 1800 年着手在苏格兰进行"新和谐村"的实验,把一个多年犯罪率居高不下的地方,变成一个模范社区,他创造了一个城乡优势兼具的"理想城市"。总体看,他们都把城市发展作为与农村协调的一个经济系统单元,使工业生产与农业发展相协调。这是后来田园城市和卫星城市理论的重要来源。

(二) 人类生态学理论

人类生态学理论是"城市病"治理的重要理论基础,主要研究人与自然的生态关系与相互作用。人类生态学从人的角度出发,重点研究人处于中心位置的不同组织水平上的生态,或与人类密切相关、受人类影响或者控制的生态系统。例如,芝加哥大学的沃斯教授提出高密度、大规模、个性化的城市区域,使得人们的人际关系趋于利益导向,城市生活的"都市性"特征显著。芝加哥学派的伯吉斯教授提出了同心圆模型,认为城市人口、环境之间存在共生关系,城市的经济社会运行是一种生态过程,资源有限导致城市利益主体之间存在着竞争与合作关系,通过竞争实现某种"生态平衡"。古典生态学家则认为城市问题的出现,从生态学角度考察,就是改变了传统乡村联系的生态环境和社会关系,人情冷暖、关系淡漠使得传统文化下的人难以适应,导致城市人常见的"精神病态"。另外,还有美国学者关注城市中移民人口的乡土情结、种族意识等心理和价值观问题。

（三）田园城市理论

早在 19 世纪末，英国著名的社会活动家霍华德就针对当时城市环境恶化、城市"摊大饼"式不断扩张、人口膨胀的"城市病"，提出了田园城市理论。与现如今的"花园城市"的构想不同，田园城市理论是一种城市议题的新社会结构形态，其核心在于"城乡一体"的规划思想，即将城市的优点与乡村的优点相结合，改善城市的生活环境和生活形态。霍华德提倡构建健康的城市及友好型的产城融合的城市，严控城市规模，在城市外围建设相当面积的永久性绿地，将人口疏散到城市周围的广大乡村地区，合理规划城市地区建设，减少煤炭使用，构建城市自然的生态气息。而后，施密特在吸收田园城市理论的基础上，提出了"产业—生活田园城市"，更加强调城市区域规划和道路建设，并且认为城市区域的四分之一应该是绿地和休闲空间。施密特的理论后来曾被实际应用于德国的国土政策中。

（四）低碳城市理论

低碳城市理论兴起于近几十年间。当西方社会经历了几百年依靠煤炭、石油等作为动力维持城市高速的工业化发展之后，人类开始面临着气候变暖、环境恶化、资源枯竭等沉重代价。很明显，传统的高碳排放型的经济增长模式难以为继。"低碳城市理论"正是在这一背景下提出的。所谓的低碳城市，实质是改变传统的高能耗、高污染、高排放的城市增长模式，重视发展低碳经济，开发、创新与应用低碳技术发展低碳产业，构建低碳社会。英国、日本等发达国家很快从 20 世纪 90 年代末开始发展低碳经济，倡导低碳城市，纷纷出台一系列政策推动城市在经济体系、消费模式与生态体系等方面的低碳经济发展。对于民众来说，"低碳"更是深入民众的衣食住行等方方面面。

（五）区域城市理论

区域城市理论主张将规模适中的城市进行重新组织，每个区域除了承担居住功能以外，还应当承担一项以上为区域服务的功能，例如工商业、文化教育、休闲娱乐等。这样拥有不同功能的城市共同构成"区域城市"，以此来取代大都市。有关区域整体发展和规划的思想最具代表性的是 20 世纪 30 年代美国的芒福德。他曾针对美国东海岸绵延的"城市带"现象提出质疑，认为城市应当放到区域综合体中进行规划，规划内容除了城市自身之外，还包含周围的乡村、农业地区、交通等方面。在这种规划下，最终形成整体化的城乡协调发展格局。

（六）城乡精神生活理论

城乡精神生活理论由德国社会学家格奥尔格·齐美尔在 1903 年提出。在其《大城市与精神生活》一文中，齐美尔认为，与乡村之中淳朴的人际关系不同，大城市的邻里关系被割裂了，人际交往仅仅限于各种利益目的下的社会关系，因而交往更具目的性。人们之间的关联愈发理性化、精于计算、厌倦且缺乏真情实感。齐美尔认为小城市代表着乡村的感性和缓慢、舒适、平静的生活节奏，而大城市则代表着西方的理性。

第二章

中国城镇化进程中"城市病"的生成及演变

新中国成立以来，城镇化是推动我国经济社会发展进程的最重要推动力之一，中国的城镇化取得了举世瞩目的成就，也是20世纪后半期以来最重要的世界经济现象之一。这一现象与人类五分之一人口的命运息息相关。改革开放之前，我国城镇化因历史原因发展较为缓慢和曲折，也落后于工业化的进程；改革开放以后，在政府和市场的共同推动下，实现了迅猛发展。虽然我国的城镇化发展在改革开放前后呈现出不同的特点，但都取得了重大的历史成就，也收获了丰富的经验。

第一节　中国城镇化发展的伟大成就

经过两个时期六个阶段的城镇化发展，特别是改革开放40多年的高速发展，我国的城镇化率、城镇化水平、城镇化质量均实现了突破性的发展。我国的城镇化率从新中国成立时的10.6%、1978年的17.92%，提高到2018年的59.58%；城镇人口从1949年5765万、到1978年的1.7亿，提高到2018年的8.3亿[①]，实现人类历史上最大规模的人口迁移；城镇化

---

① 中华人民共和国国家统计局. 中华人民共和国2018年国民经济和社会发展统计公报[N]. 人民日报，2019-3-1（010）.

创造了"中国奇迹",推动我国的经济社会结构发生历史性变革,实现了从农村型社会向城市型社会的根本性变化,是中国和平崛起的重要力量。

一、中国城镇化的主要历程

新中国成立 70 多年来,城镇化发展经历两大历史时期。第一个时期为 1949~1978 年,即改革开放前中国城镇化的发展时期。这一时期的新中国选择了优先发展重工业战略,加上社会主义建设道路曲折探索前行,中国的城镇化呈现出在缓慢发展中上升的态势,中间有曲折和反复。这一时期,城镇化又可以分为三个阶段。第二个时期为 1979 年至今,即改革开放以来中国城镇化发展进程。这一时期,改革开放的重大决策为城镇化提供了最重要的推动力,由于中国的改革开放经历了以农村改革为主、以城市为重点的经济体制改革为主和全面建设社会主义市场经济三个阶段,城镇化也就经历了恢复发展、稳步发展和加快发展三个阶段。

(一)改革开放前中国城镇化发展历程

改革开放前,中国的城镇化发展大致经历了三个阶段。

一是城镇化起步阶段(1949~1957 年)。新中国成立后,国家从战时状态转为恢复和调整时期。这时中国城市仅有 69 个,城镇人口 5765 万人,城市化率仅为 10.6%。这时城镇建设的主要任务是恢复国民经济,恢复 1949 年前城镇的活力。随着大规模的工业建设开展,特别是"一五计划"的实施,大批老城市的改造和新城镇的建设,大批农业劳动力迁入城市,转移到工业部门,城市化呈稳步上升趋势。1957 年,中国内地城市数量达到 176 个,城市人口 9949 万人,城市化率提高到 15.39%,比 1949 年增加 4.75 个百分点。①

二是城镇化波动发展阶段(1958~1965 年)。这个阶段,国家经历了"大跃进"、三年困难时期和调整整顿的曲折过程,城镇化也经历了盲目冒

---

① 新中国五十年统计资料汇编 [M]. 北京:中国统计出版社,1999.

进的急剧增长和被迫调整的大起大落的剧烈波动。1957 年我国城市从 176个，增加到 1961 年的 208 个，城镇化率从 15.39% 提高到 19.75%，年均提高 1.44 个百分点，由于决策的失误，"许多市政设施都超负荷运转，表现出过度城市化的特征。"① 1961 年下半年，国家开始实行"调整、巩固、充实、提高"的方针，开始压缩城镇数量和城镇人口，提高城镇标准，撤销部分城镇，1965 年城镇数量减少到 171 个，城镇化率从 1960 年的19.75%，下降到 17.98%。②

三是城镇化停滞阶段（1966～1978 年）。十年"文化大革命"期间，政治运动成为社会生活的重心，工农业生产几乎陷入停滞不前的状态，对城镇化造成较大危害，城镇化进程几乎陷于停滞。不仅撤销了城镇机构，还大量下放了城镇人口，特别是知识青年上山下乡，搞"山、散、洞"三线建设，基本停止了城镇的设置。1978 年共有城市 193 个，仅仅比 1966年的 175 个多 18 个，城市人口从 1.3 亿人增加到 1.7 亿人，平均年增长率为 2.18%；城镇化率为 17.92%，仅比 1966 年增长了 0.06%，显然这种城镇化速度是非常缓慢的。③

这一时期城镇化，总体具有以下特征：一是城镇化起点比较低，起步比较晚，发展总体处于缓慢上升的趋势，城市布局也从东向西移动。二是整体上城镇化受政府政策和国家政治经济形势的影响较大，城镇化受到较大的抑制和严格管制。与快速发展的重工业化相比，城镇化步伐缓慢，这一时期拉大了与世界城镇化的差距。三是大中城市有较大发展，而小城市和小城镇的发展缓慢甚至出现衰退的情况。四是城镇人口是自然增长的，通过户口政策，固定了城乡人口的身份，限制了农村人口向城市的流动，城镇化是"自上而下"推动的。

（二）改革开放以来中国城镇化发展进程

改革开放以来，中国城镇化发展的进程也经历了三个阶段，即恢复发

① 向春玲.中国城市化发展与反思［M］.昆明：云南教育出版社，2013：29.
②③ 新中国五十年统计资料汇编［M］.北京：中国统计出版社，1999.

展、稳步发展和加快发展阶段。

一是城镇化恢复发展阶段（1979~1984年）。党的十一届三中全会拉开了农村经济体制改革的序幕，改革使得农村劳动生产率大幅提高，加上政府大幅提高了农产品收购的价格，农民收入迅速增加，这为农业劳动力转移，推进乡镇工业发展创造了重要条件。这时，我国乡镇企业掀起了第一个工业化浪潮，小城镇迅速发展起来推动了农村城镇化的起步，吸引了大量农村富余劳动力。另外，我国实行的对外开放的梯度战略与创办沿海经济特区的决策，使得沿海地区快速掀起了城镇化的浪潮。城市个数从193个猛增到300个，城镇人口由1.7亿人增加到2.4亿人，建制镇从2000多个增加到7000多个，城镇化率从17.92%上升到23.01%。①

二是城镇化稳步发展阶段（1985~1991年）。1984年召开的党的十二届三中全会通过了《中共中央关于经济体制改革的决定》，计划经济开始加速向市场经济转型，我国进入了以城市为重点的经济体制改革时期。这一时期，从改革开放前的重工业战略调整为大力发展劳动密集型的轻工业、第三产业和乡镇企业，国务院1984年改革了户籍管理政策，允许农民进城经商和就业，又调整和降低了城镇的设置标准，又开放了14个沿海城市，这些政策的调整大大加速了城镇化尤其是沿海地区的城镇化发展。这一时期，我国城市个数从300个增加到476个，建制镇从9140个增加到12455个，城镇人口达到了3.1亿人，城镇化率从23.01%上升到26.94%。②

三是城镇化加快发展阶段（1992年至今）。以1992年邓小平南方谈话和当年召开的党的十四大为标志，我国进入全面建设社会主义市场经济体制的新时期。这一轮的工业化、城镇化进程大大加速。2004年全国有1.2亿人实现了非农化但多数没有成为市民的农民工，成为推进中国城镇

---

① 简新华，何志扬，黄锟．中国城镇化与特色城镇化道路［M］．济南：山东人民出版社，2010：212.

② 简新华，何志扬，黄锟．中国城镇化与特色城镇化道路［M］．济南：山东人民出版社，2010：214.

化的重要力量。[①] 这一时期，无论城镇数量，还是城镇人口数量，还是城镇化率年均提高数都大大高于前两个阶段。这里尤其要注意的是 2008 年，中国城镇化率达到了 30.40%；2011 年我国城镇化率达到 51.27%，城镇人口首次超过农村人口，城市社会开始形成。在加快发展过程中，城市也出现了诸如交通拥堵、住房紧张、环境污染、就业难等问题，国家先后出台政策规范和引导城镇走中国特色的城镇化道路，党的十八届三中全会开始全面系统谋划和推进新型城镇化建设。

二、新中国 70 多年城镇化的主要成就

改革开放前，我国城镇化发展虽然经历了一定的曲折，但也取得较大的成就，不仅支撑了我国独立的工业体系建设和国民经济恢复发展，也构建了较为合理的城市体系，还聚集了大量的人口，并在城市基础设施建设、城市管理和支持农业发展等方面取得较明显的成效。改革开放后，我国城镇化建设创造了世界奇迹，顺利完成了城镇化初期和中期的快速成长阶段，即将迈入后期成熟阶段。[②] 经过大规模的快速的城镇化，我国发生了翻天覆地的变化，城镇化改变了中国的面貌、中国城镇的面貌，也让中国成为对全球城市化增速贡献最大的国家，是世界城市化最重要的引擎（韩云等，2019）。

（一）城镇化成为推动中国从"站起来"到"富起来""强起来"的重要力量

首先，城镇化推动中国"站起来"。中国新民主主义革命道路是农村包围城市的道路，党的工作重心长期以来在农村，直到党的七届二中全会指出，"从现在起，开始了由城市到乡村并由城市领导乡村的时期。党的

---

①　简新华，何志扬，黄锟.中国城镇化与特色城镇化道路［M］.济南：山东人民出版社，2010：212.

②　方创琳.改革开放 40 年来中国城镇化与城市群取得的重要进展与展望［J］.经济地理，2018（9）：1—9.

工作重心由乡村移到了城市"①,并且强调人民民主政权要巩固,要尽快恢复和发展城市的生产功能,把消费的城市变成生产的城市。1949 年新中国成立后,通过新民主主义社会的经济、政治和文化建设,特别是通过工业化和"三大改造"同时并举,我国建立了社会主义制度并实现社会主义工业化的巨大进步,城市对人口的聚集以及对城市生产功能的定位,使其在独立的工业体系和国民经济体系建立中发挥了重要作用。经过社会主义初步探索时期,我国建立了比较牢固的经济基础,实现在政治上和经济上全面地"站起来"。

其次,城镇化推动中国"富起来"。中国在"站起来"以后经历了社会主义现代化建设过程中的挫折,走了弯路,党的十一届三中全会重新确立了解放思想、实事求是的思想路线,决定把党和国家的重心转移到经济建设上来,实行改革开放的重大决定,明确社会主义初级阶段的主要矛盾是人民日益增长的物质文化需要同落后的社会生产之间的矛盾。自此,中国的城镇化在农业、工业和对外开放等多种政策的激励下,实现了快速发展,同时城镇化快速发展带动了经济结构的变化和升级,带动生产效率的大幅提高,带动城乡居民收入近百倍的增长。改革开放以来,中国城镇化先后经历了以轻工业为主导的城镇化、以重工业为主导的城镇化和以服务业为主导的城镇化三个阶段,城镇化快速发展为我国经济的发展作出了巨大贡献。在农村,城镇化的发展,一方面加速了农村剩余劳动力的转移,让广大农民进城务工获得了较高的劳动报酬,提高了农民收入,改善了农民生活条件。据统计,2020 年农村外出农民工月均收入为 4549 元。② 根据农民工的实际情况,按照全年三个季度的工作时间推算,可以得到超过4 万元的非农收入。从 20 世纪 80 年代农民工外出务工的"离土不离乡",到 90 年代的跨省流动,再到 2000 年后的大规模流动,大大提高了农村收

① 建党以来重要文献选编(1921～1949)(第二十六册)[M]. 北京:中央文献出版社,2011:203.
② 2020 年农民工监测调查报告[N]. 中国信息报,2021－5－7(002).

入，改善了农民生活，逐步缩小了城乡居民收入差距。另一方面城镇化促进工业化，工业化发展又为农业机械化和科技水平提高创造了条件，进一步提高了农业的劳动生产率，提高了农村的收入水平。

最后，城镇化也会推动中国逐步"强起来"。党的十八大以来，经过长期艰苦卓绝的努力，中国特色社会主义进入了新时代。我国社会主要矛盾已经转化为人民日益增长的美好生活需要不平衡不充分发展之间的矛盾。我们在全面深化改革、民主法治建设、人民生活水平改善、生态文明建设等方面取得历史性成就，也开启了城镇化的新征程。党中央召开城镇化工作会议，颁布了《国家新型城镇化规划（2014—2020 年)》，确定了以人为核心的新型城镇化道路，人口城镇化加速推进，城镇化空间布局持续优化，城市功能不断完善，城乡融合发展迈出新步伐，促进了一些具有全球竞争力的城市群和城市带崛起。城镇化涉及多个领域、多个方面，也为新时代的历史性成就的实现作出了卓越的贡献，也必将为祖国的更加富裕、强大作出更大的贡献。

（二）城镇化加速了中国的现代化转型

近代中国的最大难题是如何让一个积贫积弱的农业国家转型为一个现代化的工业国家。改革开放以来，由城镇化带来的工业、农业和服务业的发展，推动中国赶上了时代。

第一，城镇化让城市的现代化水平大大提高，城市的面貌发生翻天覆地的变化。城市的数量从 1949 年 132 个增加到 2020 年 687 个①，在城市内部，高楼林立，道路宽敞，城市建设面积大大拓展，2021 年 3 月 11 日，全国绿化委员会办公室发布的《2020 年中国国土绿化状况公报》显示，2020 年全国开展国家森林城市建设的城市达 441 个，城市人均公园绿地面积达 14.8 平方米。城市轨道交通突飞猛进，截至 2020 年，中国内地累计有 45 个城市建成投运城轨线路 7978.2 公里。② 城市住房条件大大改善，

---

① 笔者根据住建部和智研咨询的有关资料整理。
② 笔者根据中国城市轨道交通协会的有关资料整理。

各种现代化的小区遍布全国，城市的供水、供气、供电、供热，现代化的互联网、物联网通信等基础设施不仅在城市普及，而且在城乡之间形成了巨大的网络。

第二，城镇化让现代化产业得到了快速聚集。城市吸引着大量的人流、物流、资金流、技术流和信息流等，从而形成巨大的流量和交易量。加上城镇化、工业化、信息化和农业现代化的同步推进和相互作用，城市集聚了大量现代化的产业，智能制造、软件通信、仪器仪表、大数据、人工智能、物联网以及金融、信息等现代服务业，高端产业也吸引了大量高端人才，让市场充满活力。

第三，城镇化让城市的生产生活和价值观念现代化。城镇化改变了人们的工作方式，出行方式以及交往方式，城市改变了人们的生活，同时也改变了人们的价值观念。城市通过城市精神、城市文化塑造人们的观念，我国当今城市正是在社会主义核心价值观的引领下逐步走向现代化。

第四，城镇化也改变和改造着农村转移人口和农村的生活方式和价值观念。一方面，农村转移人口在市民化的过程中以及在城市工作的过程中，原有的生活方式和价值观念被逐步摒弃，改变最大的是休闲娱乐方式、消费方式和社会交往方式（孙一仰、焦晓云，2015），特别是新生代的农民工与第一代农民工相比有了非常大的变化，基本被城市文化所同化；另一方面，由于我国城镇人口大多来自农村，与农村有着天然的联系，在长期的生活中，城乡融合的发展背景下，城乡互动频繁，经济的和文化的交流让城市的文化向乡村延伸，也带动了农村的现代化，加上城镇化的发展带来的农业生产率的提高，经营方式的改变，也推动了智慧农业、绿色农业等迈上现代化。

（三）走出了一条中国特色的新型城镇化道路

改革开放前，中国的城镇化在曲折中前行，1978年改革开放后，我国城镇建设进入一个全新的发展阶段，走出了一条中国特色的新型城镇化道路，取得举世瞩目的成就。

第一，中国特色的新型城镇化道路立足于我国的社会主义制度和转型期的时代特征，以及空间和规模上的大国特征等基本国情，坚持以人为本、渐进式、多元化的推进（苏红键、魏后凯，2018）。这条城镇化道路，抓住了城镇化的本质，就是实现人口由农村向城镇转移，从而为人的全面发展创造条件（肖金成，2018）。这条城镇化道路也是改革开放以来一代又一代共产党人接力奋斗的结果：从党的十一届三中全会以后，以邓小平同志为主要代表的中国共产党人初步创立；党的十三届四中全会以后，以江泽民同志为主要代表的中国共产党人加以丰富；党的十六大以后，以胡锦涛同志为主要代表的中国共产党人大力发展；以及党的十八大以来，以习近平同志为核心的党中央进一步丰富和发展并逐渐定型。

第二，中国特色的新型城镇化道路的主要特征。一是始终坚持党的领导，坚持以人民为中心、坚持不断深化改革、坚持扩大开放、坚持在实践中创新的主要原则（倪鹏飞，2018）；二是坚持"中国特色城镇化、工业化、信息化、农业现代化"四化同步，坚持优化布局，以城市群为主体协调大中小城市和小城镇共同发展，坚持文化传承，增强中华民族的精神文化支撑的实践路径。

第三，中国特色的新型城镇化道路还体现在发展理念上的根本性变革。中国新型城镇化的最大成就是实现了发展理念的四个根本转变。一是在发展目的上，实现了"以物为本"向"以人为本"的转变；二是在发展方针上，经历了从"优先发展"到"统筹发展"的转变；三是在发展方式上，实现了从"外延式发展"到"内涵式发展"的转变；四是在城乡关系上，经历了"城乡分割"到"城乡融合"的转变（范恒山、陶良虎，2009）。

第四，中国特色的新型城镇化道路是一条迈向高质量城镇化的道路。这条道路曾经体现了它强大的优越性，通过尊重人的主观能动性，维护了迁移人口的自主选择权，加强迁移人口的"进城"政策支持和"返乡"保障，使中国成功避免了很多国家在城镇化进程中出现的大量"贫民窟"。这条道路还通过渐进式改革，在户籍制度、教育、医疗和社会保障等方面不断实现公共服务均等化，使我国的城乡二元结构在持续松动中不断弱化。这条道路不仅使人口规模庞大的中国为世界脱贫做了历史性贡献，也为世界城镇化率作出了历史性贡献，成为世界城镇化的重要引擎。

第二节 中国"城市病"的生成及演变

城市是现代文明的标志，承载着经济社会发展和人民生产生活的重大任务①。改革开放前，我国城镇化被人为压制，滞后于工业化和经济发展，城镇化发展缓慢，20世纪50年代末60年代初，因国家激进的政策导致了一次短暂的"城市病"发生。改革开放以来，在城镇化进程中我国城市得到了迅速发展，城市的基础设施、公共服务等公共产品都有了根本性改变，人民的生活水平和生活质量都得到了较大提高。与此同时，大量农业转移人口进入城市，在促进城市发展的同时，也给城市带来了各种问题，引发了各种各样的"城市病"。根据国际经验和我国城镇化进程中"城市病"的发生情况，可将我国"城市病"发展历程大致分为四个阶段。随着城镇化建设的继续发展，当我国城镇化达到70%以后，随着国家各项政策的逐步落实，我国"城市病"将进入第五个阶段，即逐步康复阶段。目前，我国进入"城市病"频发阶段，城镇化建设进入转型的关键时期。但是，由于我国城镇化率的统计口径为城镇常住人口，与户籍人口还有一定差距，真正意义上的城镇化（所有城里人享有同等权益）与统计结果仍有一定差距，因此，我国"城市病"的集中爆发阶段在城镇化率表现层面可能会有所延长，即当我国统计口径上的城镇化率达到75%甚至80%的时候，我国真正意义上的户籍人口城镇化才会完成，这时"城市病"才会加快康复的步伐。分析我国"城市病"的演变阶段，对我们深入了解"城市病"的特征与实质进而提出针对性解决对策具有重要意义。

---

① 中共中央国务院关于进一步加强城市规划建设管理工作的若干意见［N］. 人民日报，2016-02-22（006）.

一、"城市病"少发期（1949～1977年）

新中国成立初期，党和政府、各族人民面临层层考验，战争使中国本就落后的工农业生产满目疮痍，新生政权在成立初期还需巩固，国际形势风云变幻，外交工作进展受挫，加之遭遇严重的自然灾害，历经战乱的神州大地百废待兴。1949年，我国经济状况与以往最高水平相比，重工业下降70%。[①] 1949年9月29日，中国人民政治协商会议第一届全体会议通过了起临时宪法作用的《中国人民政治协商会议共同纲领》，其中第三十五条明确指出：应以有计划有步骤地恢复和发展重工业为重点，以创立国家工业化的基础。[②] 党和国家各项工作的重心要实现由革命到建设的转变，以恢复国民经济、提升国家总体经济实力为重点。这一时期党和国家的中心任务是"为争取国家财政经济状况的基本好转而斗争"[③]。1952年，中国工农业生产总值达810亿元，比1949年增长77.5%[④]。人民基本生活收入逐年增长，生活水平呈现明显好转的趋势，但城镇化率并未有很大幅度的提升，城市内部发展形态与基本经济结构趋于稳定，没有明显的异化表征，经过三年的艰苦奋斗，国民经济发展落后的面貌得到改善，中共中央适时提出向社会主义过渡的战略任务。到1956年底，三大改造的顺利完成标志着我国确立了社会主义经济制度，进入社会主义初级阶段。

人口和经济社会活动的集聚是城镇化进程加快的主要标志。1957～1961年，我国城镇化由于盲目的"超英赶美"的"大跃进"运动出现了冒进发展。由于全国"市市办工业、县县开工厂"盲目追求工业化速度，导致工业化脱离农业发展这个基础，农村人口爆发性地涌进城市，城市人

---

① 胡绳. 中国共产党的七十年［M］. 北京：中共党史出版社，1991：289.
② 建国以来重要文献选编（第一册）［M］. 北京：中央文献出版社，1992：9.
③ 毛泽东文集（第六卷）［M］. 北京：人民出版社，1999：67.
④ 胡绳. 中国共产党的七十年［M］. 北京：中共党史出版社，1991：339.

口急剧增长。① 1959 年城镇化率达到 18.41%，较前一年增长 2.16%，也是新中国成立 10 年来城镇人口最大幅度的增长。由于城镇人口盲目膨胀，加上"重工业发展、轻基础设施建设和环境治理""重生产、轻生活"等决策，致使当时许多城镇供水、供电、交通、通信、排水、防洪等设施十分困难，居民住房更是十分紧张，许多市政设施超负荷运转，表现出过度城市化的特征。②这是新中国成立后第一次遇到的"城市病"，1961 年下半年开始，中央实行"调整、巩固、充实、提高"的方针，开始人为地大规模压缩城镇人口、减少城镇数量、撤销部分市建镇等应急的措施。为适应国家经济发展需要，稳定社会秩序，经全国人大常委会讨论通过，1958年颁布了《中华人民共和国户口登记条例》，确立了严格的户籍管理制度，按照户籍身份将中国公民分为居住在农村并从事农业劳动的农业户口和居住在城镇并从事第二、第三产业劳动的非农业户口，通过制度控制了人口的流动。在"文革"期间，由于特定的历史原因，城市人口数量有所下降。直到 1977 年，停止十年的全国高等院校招生考试得以恢复，居住在农村的工人农民、上山下乡和回乡知识青年、高中应届毕业生等通过高考进入城市，城市人口总量占比有明显回升之势。在城镇化的初始阶段和人为控制时期，城市"病症"主要表现为自然灾害、粮食危机和基础实施落后等问题。总体上，这个时期城镇正处于经济发展上升期，城镇人口占总人口比重还不高，城镇负面问题不突出，城镇系统内部结构和功能不完善，还未形成较大的城市规模和较密集的人口聚居区，"城市病"很少见。

二、"城市病"偶发期（1978～1995 年）

1978 年 12 月 22 日，中国共产党第十一届中央委员会第三次全体会议公报明确指出：全党工作的着重点要转移到社会主义现代化建设上来，改

①② 向春玲．中国城市化发展与反思［M］．昆明：云南教育出版社，2013：29．

变我国的落后面貌，把我国建成现代化的社会主义强国[1]。以党的十一届三中全会为起点，我国正式揭开以改革开放为主旋律的社会主义现代化建设新篇章。1978 年我国城镇化率为 17.92%[2]，城市人口增长主要是以自然增长为主，人口未表现出明显的大量流动，人口迁移规模在可控的范围之内。1980 年设立深圳、珠海、汕头、厦门四个经济特区，作为中国改革开放事业的重要开端，经济特区的建立在城市经济发展史上有着举足轻重的地位。1982～1987 年，是开创社会主义现代化建设新局面极不平凡的五年，党带领全国各族人民将改革的重点从农村转移到城市，形成以城市为重点，城乡联动的全面改革新局面。1984～1988 年，城市经济经历了一系列体制改革，出现了前所未有的新局面。在这一时期，海尔由濒临倒闭的小工厂发展成为享誉全国并走向国际的家电品牌；容声冰箱、联想公司等开始艰难起步，走进大众的视野，经济领域呈现"百花齐放"的繁荣盛景。1984 年开始，我国逐渐加快了对外开放的步伐，不断进行城市改造和建设，加强城市作为经贸中心和政治枢纽的功能[3]。到 20 世纪 90 年代末，中国全方位的对外开放格局初步形成（见图 2 - 1），对外开放极大地带动了城市经济、教育、文化、科技、卫生、体育等事业的蓬勃发展，人民群众的生活水平得到极大提高，生活面貌焕然一新。改革开放也给占中国人口绝大多数的农民带来翻天覆地的变化，大量农民涌入城市务工经商，成为流动大军中的一员，在城市各个领域、各个行业几乎都活跃着他们的身影。"民工潮"极大地改变了中国城市的面貌，也改变了中国原有的社会秩序。农业转移人口为城市发展、现代化建设作出了突出贡献，但同时也带来了一定的负面影响。

　　20 世纪的最后十年，东欧剧变，苏联解体，社会主义遭遇极大的挑战。在这关键时刻，邓小平同志的南方谈话对 90 年代中国的经济体制改

---

[1]　十一届三中全会以来重要文献选读（上册）［M］. 北京：人民出版社，1987：1 - 14.
[2]　中国统计年鉴 2018 ［M］. 北京：中国统计出版社，2018：31.
[3]　江泽民文选（第一卷）［M］. 北京：人民出版社，2006：35 - 36.

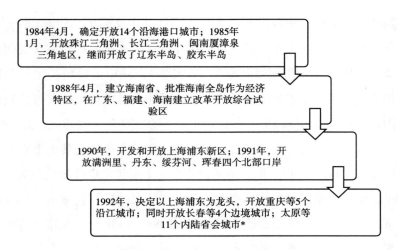

图 2-1 中国对外开放格局的演变（1984~1992 年）

注：* 表示 5 个沿江城市分别为重庆、岳阳、九江、武汉、芜湖；4 个边境城市分别为：哈尔滨、长春、呼和浩特、石家庄；11 个内陆省会城市分别为太原、合肥、南昌、郑州、长沙、成都、贵阳、西安、兰州、西宁、银川。

资料来源：陈述. 中华人民共和国史 [M]. 北京：人民出版社，2009：450-452。

革与社会发展进步起到了重要的推动作用。党的十四大召开以后，以江泽民同志为核心的中央领导集体审时度势，确立了社会主义市场经济体制改革的目标。改革开放的步伐明显加快，现代化建设迈上新台阶，为中国城市经济的振兴提供强大动力。1995 年，我国城镇化率为 29.04%。[①] 根据城镇化发展规律，当城镇化率接近 30% 这一临界点时，各类"城市病"问题开始显现：农民为谋求更多收益，自发地选择到劳动生产率更高的城市务工，同时，城市正处于工业化发展初期，对劳动力有很高的需求，也吸引着农村人口转入城市；但是农业人口的大量转入增大了城市就业压力、住房压力、教育压力。同时，城市过于注重经济发展，导致环境污染的持续加剧、生态破坏的范围扩大[②]。但是由于经济发展水平比较低，尚未形成比较大的城市规模，城市内部系统功能和基础设施尚不完善，这一时期

① 中国统计年鉴 2005 [M]. 北京：中国统计出版社，2005：93.
② 江泽民文选（第一卷）[M]. 北京：人民出版社，2006：532-536.

"城市病"偶有发生。

三、"城市病"多发期（1996～2010年）

1996年以来，中国城镇人口以较快势头增长，城市公共基础设施建设明显加强，城市面貌有了很大改观。覆盖公路、铁路的现代综合性交通运输体系初具规模；邮电通信、能源建设水平持续提升；轿车逐渐走入城市居民家庭；外出旅游人数呈现明显上涨的趋势。2001年中国加入世界贸易组织，这是中国在新世纪实现经济快速发展与对外贸易持续发展的重要机遇。在全面建设小康社会的重要战略机遇期，加快城镇化进程被纳入全面建设小康社会的基本要求之中，党的十六大对此作了全面部署，并指出我国当前面临的发展难题：城乡差距仍在扩大；资源环境与经济发展的矛盾日益突出。这也是城镇化过程中给城市发展带来巨大挑战的"城市病"难题。在党的十六届三中全会第二次全体会议上，党中央适时提出"树立和落实全面发展、协调发展和可持续发展的科学发展观"①，为我国经济建设和各项事业的发展指明了前进的方向。2003年，胡锦涛在中央农村工作会议中指出：推动农村富余劳动力向城镇转移，是现代化的必然趋势，要尽可能多地把农民从农业和农村中转移出来②。这是从战略上支持农业转移人口的城市融入。此后我国城镇化率不断攀升，到2010年达到49.95%③，但与发达国家乃至同等发展水平国家相比仍存在差距。城镇功能的日益完善，极大地提高了城镇化发展的水平，吸引大量人口向城市集聚，促进了城市工业、服务业等产业的发展，推动城市经济增长和各项服务的日益完善。但也应清醒地认识到人口融入给城市带来的负面影响，大量的农业转移人口涌入城市，导致城市有限资源与人们日益增长的

①　十六大以来重要文献选编（上）[M].北京：中央文献出版社，2005：483.
②　胡锦涛文选（第二卷）[M].北京：人民出版社，2016：18－20.
③　中国统计年鉴2019[M].北京：中国统计出版社，2019：35.

需求发生失衡，城市发生复杂而深刻的变化。城市面临巨大的人口压力，成为全国占地面积少、人口却颇为密集的地区，交通拥堵、住房紧张、就业困难等社会发展问题加重，"城市病"问题随时可能出现集中爆发的状态。具体表现为：部分城市出现住房供不应求的结构性矛盾，房地产价格涨幅较快，导致由于人口压力过大带来的住房紧张问题日益严重①；社会福利与公共设施的增幅远不及城市人口的增长速度，导致供需失衡，城市居民与外来人员之间形成一种"无形的竞争"；过度集聚使城市有限的资源变得稀缺，大大提高了土地、房产、资源、能源等基本生存要素的成本价格，导致土地紧张、房产泡沫、资源紧缺、能源不足等种种"城市病"。

四、"城市病"频发期（2011 年至今）

当城镇化率临界值达到 50%，意味着我国开始进入以城市主导的社会。2011 年我国城镇化率达到 51.27%②，城镇人口首次超过农村人口，各类"城市病"问题也开始多发频发。城市区间不断扩张，城市规模日益扩大，城市处于加速发展期和重要战略机遇期，在惯性作用的推动下，在城镇化率达到 50% 以上，前期的"城市病"问题开始蔓延开来。此时"城市病"问题复杂多变，经济方面表现为城市贫困、房价过高，社会方面则表现为人口膨胀、交通拥堵、就业困难，还有生态环境污染严重，雾霾和水污染尤其严重，"城市病"在大多数城市出现。党的十八大以来，我国各个方面都发生了根本性变革，生产力水平有了明显提升。2013 年以来，我国国内生产总值每年保持 7% 左右的增长，2020 年达到 1015986 亿元（见图 2-2）；2017 年城镇居民人均可支配收入 36396 元，全国农民工人均月收入 3485 元，城镇居民人均消费支出 24445 元（未扣除价格因

---

① 十六大以来重要文献选编（上）[M]. 北京：中央文献出版社，2005：421.
② 中国统计年鉴 2019 [M]. 北京：中国统计出版社，2019：35.

素)。① 可支配收入的增加意味着人民的生活绝不仅仅限于对物质的追求，已经逐步上升到精神需要的满足和对美好生活的向往的层面，但也要意识到，具有非农户籍身份的城市居民和具有农业户籍身份的农民工之间收入差距悬殊，我国尚有人户分离的人口 2.86 亿人，其中流动人口 2.41 亿人，促进农业转移人口落户城镇仍任重道远。② 党的十九大报告指出，中国特色社会主义进入新时代，我国社会主要矛盾已经转化为人民日益增长的美好生活需要和不平衡不充分的发展之间的矛盾。③

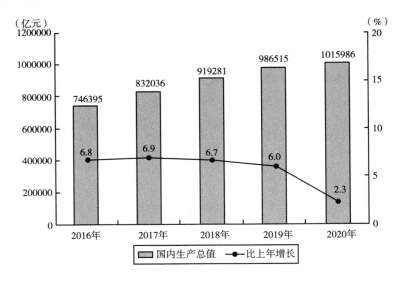

图 2 - 2　2016～2020 年国内生产总值及其增长速度

资料来源：中华人民共和国 2020 年国民经济和社会发展统计公报。

当前阶段，人民群众的需要呈现多样化、多层次、多方面的特点，人人都期盼有更好的教育、更稳定的工作、更可观的收入、更惠民的社会保障、更先进的医疗卫生服务、更舒适的居住条件、更优美的生活环境，生

---

　　①　中国统计年鉴 2018 ［M］. 北京：中国统计出版社，2018：4 - 5.

　　②　中华人民共和国国家统计局. 中华人民共和国 2018 年国民经济和社会发展统计公报 ［N］. 人民日报，2019 - 3 - 1（010）.

　　③　习近平. 决胜全面建成小康社会 夺取新时代中国特色社会大会上的报告 ［M］. 北京：人民出版社，2017：11.

活消费呈现多元化趋势（见图 2-3），对生活质量有了更高水平的要求。越来越多的人开始意识到"城市病"为生活带来的负面影响，开始呼吁政府能够有效解决城市发展中的种种"城市病"问题。处于城市加速发展过程中的"城市病"，不仅给城市发展带来冲击，还会影响人的健康发展，降低幸福指数，造成一系列经济社会和文化问题。

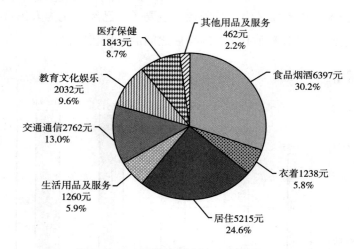

图 2-3　2017 年城镇居民人均消费支出

资料来源：《中国统计年鉴 2018》。

第三章

城乡融合背景下中国"城市病"的检视

中国城镇化建设用 40 年时间走完了西方国家 100 多年走过的路程，跨越式发展形成了明显的"时间压缩"效应①。虽然城镇化发展速度快，但其质量却没有完全同步跟进，于是就出现了多种问题，"城市病"多种症候随之出现，突出地表现在道路拥堵、环境恶化、住房紧张等方面，有经济的也有社会的，有生态的也有文化的，更多的是相互交织、相互加强，严重影响了人们对美好生活的追求。细究其复杂多元的内外之因，我们可以看到，其中有城镇化发展的一般规律，也有我们中国超大的人口规模、独特的城镇化道路、市场和社会发育的渐进化过程等特殊国情，也有政策供给不足、应对能力不强等多种因素。发现真问题，找到真病因，是有效治理的前提和基础。

第一节　中国"城市病"症候

城市是人口的集聚地，是人类文明发展到近代的集中体现。当人们一

---

① 宁越敏. 中国城市化特点、问题及治理［J］. 南京社会科学，2012（10）：19 – 27.

边沉浸在因城镇化带来方便、便捷、高效、幸福的同时,快速城镇化带来的各种问题也接踵而至,"蚁族""蜗居""房奴""雾霾""抑郁"等问题困扰着人们和管理者,交通拥堵、环境污染、信任危机等"城市病"也在不断削减人们的安全感和幸福感,对症下药方能医治有效。

一、城镇人口的集聚与公共资源的供给不足

在我国快速城镇化进程中,城镇常住人口占总人口比重呈逐年上升的趋势,每年大约有2000万的农业转移人口进入城市,2020年有90220万人生活在城镇,占总人口比重的63.89%①(见表3－1),城市已经成为人类最主要的生产经营场所和日常生活所在地。在城市空间相对固定的情况下,人口膨胀必然导致个体生存空间的缩小和人均占有公共资源的减少,从而降低城市居民生活质量。根据《上海市城市总体规划(1999－2020年)》,2020年上海市常住人口要保持在2000万以内,但2007年上海市常住人口就突破了这个极限。根据2017年国务院批复的《上海市城市总体规划(2017－2035)》,2020年上海市常住人口要控制在2500万以内,并以2500万人左右的规模作为2035年常住人口调控目标,至2050年,保持常住人口规模稳定。未来中国城市人口会随着城镇化的深入发展呈现持续增长的趋势,这是不争的事实。城市人口过于集中,超过其承载能力,势必会带来一系列的社会问题,导致城市公共资源紧张、生存空间不足,产生种种"城市病"问题。

表3－1　　　2010～2020年我国城镇常住人口数及其占总人口比重

年份	城镇常住人口数(万人)	常住人口城镇化率(%)
2010	66978	47.5
2011	69079	51.3
2012	71182	52.6

---

① 中国统计年鉴2021[M].北京:中国统计出版社,2021:31.

续表

年份	城镇常住人口数（万人）	常住人口城镇化率（%）
2013	73111	53.73
2014	74916	54.77
2015	77116	56.1
2016	79298	57.35
2017	81347	58.52
2018	86433	61.5
2019	88426	62.71
2020	90220	63.89

资料来源：《中国统计年鉴2021》。

　　首先，人口膨胀导致资源紧张。为追求更好的生活水平、公共资源和生活质量，大量人口纷纷向城市转移。特别是在北京、上海、广州、深圳这样的超大城市，吸引着三四线城市人口的"暴风式"转入，中小城市也吸引着农村人口的转入，并以较快的流动速度聚集在城市。流入的大量新增人口使本就超负荷运转的城市功能压力加大，前期积压的各类问题又再次受到冲击，"城市病"呈现多发频发之势。其次，城市人口的过度集聚造成城市中心区、核心功能区突破承载力极限，同时也导致高新区和城郊区的资源浪费。进城热度不减，城镇人口比例持续走高，人口密度过大，资源配置的供应速度远落后于人口急剧增长的速度，注定使人口膨胀成为当前甚至今后很长一段时间都比较棘手的社会难题。最后，人类活动与环境污染、交通拥堵、资源短缺等"城市病"问题息息相关。人口大量涌入城市以后，政府采取的宏观调控和城市治理举措还不够科学有效，导致今日"城市病"问题集中爆发，影响人民群众的日常生活和城市健康的有序发展。由此可见，人口膨胀所引发的一系列"城市病"已经成为当前至关重要的问题，也是亟待解决的难题。

　　交通拥堵是由于交通供给小于交通需求所造成的城市问题，是人们不断涌入城市所带来的发展难题，同时也是全世界城市的共性问题。自2012年以来，我国机动车保有量持续增长，2012～2021年全国汽车保有量由

1.08 亿辆增加到 3.95 亿辆,年均增加 3189 万辆。① 根据生态环境部发布的《中国机动车环境管理年报 2018》数据显示,2017 年,全国机动车保有量达到 3.1 亿辆,同比增长 5.1%。其中汽车保有量为 2.17 亿辆(含新能源汽车 153 万辆),同比增长 11.8%。我国已连续九年成为世界机动车产销第一大国,机动车辆的增多加重了城市特定空间内交通的拥堵问题。据《2017 年度中国主要城市交通分析报告》数据显示:济南从众多城市中"脱颖而出",成为当之无愧的"堵城",北京位列第二;哈尔滨、乌鲁木齐、广州分列早高峰、平峰、晚高峰拥堵之最;济南成为堵车时间最长的城市,2017 年有 2078 个小时处于拥堵状态,是全国唯一一个全年拥堵时间超过 2000 小时的城市,平均每天拥堵 5.7 个小时;在拥堵成本方面,香港拔得头筹,以人均月拥堵成本 1411 元居全国之最,北京广州分列二三位②。交通拥堵使交通延误、车速降低、时间损耗、燃油费用上升、排污量增加,同时诱发交通事故,影响人们的工作效率和身体健康③。由此可见,交通拥堵给一座城市带来的损失十分严重。从经济学角度来看:车辆增多、交通拥堵不仅增加了车辆拥有者的直接成本(也称内部成本,主要是时间成本、额外的燃料消耗、事故风险成本等),还给城市居民带来不应承担的间接成本(也称外部成本,主要是由于车辆过多造成的大气污染、噪声污染、危险运输、拥堵造成的路面破损、行人安全等)④。而且,经济越发达、居民收入越高的城市,因交通拥堵所造成的损失和经济成本越大。首先,交通拥堵增加了时间成本。人口和车辆激增,路网密度不足和分流能力较差,公共交通体系不完善(中国公交出行的分担率目前平均不足 10%,特大城市也仅有 20% 左右,远低于欧洲、日本、南美洲

---

① 岳倩. 汽车保有量超 3 亿辆新能源汽车同比增 59.25% [N]. 中国质量报,2022-01-13 (6).

② 2017 年度中国主要城市交通分析报告 [R]. 高德地图,交通运输部科学研究院,阿里云联合发布,2018.

③ 牛文元. 中国新型城市化报告 [M]. 北京:科学出版社,2013:8.

④ Javier Bilbao - Ubillos. The Costs of Urban Congestion:Estimation of Welfare Losses Arising from Congestion on Cross - town Link Roads [J]. Urban Transport of China, 2011 (4):85-92.

等大城市的出行比例①），再加上我国道路容量的先天不足，城市交通拥堵成为必然，早晚高峰大城市交通几乎习以为常，带来最为直接的经济损失。其次，交通拥堵增加了事故风险成本。道路长时间拥堵，增加驾驶人烦躁情绪，很多人因此患上了"路怒症"，开"斗气车"概率加大，容易引发交通事故。交通拥堵所造成的车辆突然减速而诱发的交通事故也会给城市居民生命安全带来严重隐患。再其次，交通拥堵增加了能耗成本。交通拥堵给车辆带来轮胎损耗、零部件破损、燃油消耗等额外的运营成本，加重经济损失。最后，交通拥堵增加了污染成本。这里主要指大气污染和噪声污染，受害者大多为城市交通拥堵路段附近的居民。一方面，由于前进缓慢，汽车驾驶时不得不反复加速减速，造成汽油的不充分燃烧，大量有害有毒气体被排放到空气中，直接影响城市居民的身心健康；另一方面，由于车辆拥堵所带来的噪声污染，已经影响了人们正常的工作、学习、生活和其他社会活动，损害人的身体，严重时可导致精神萎靡，诱发抑郁症等疾病。

就业困难不仅是社会经济问题，更是重要的民生问题。2008～2020年，城镇登记在册的失业人数约为1000万人，失业率在4%左右（见表3－2）。在充满活力的劳动力市场，部分劳动者失业属于正常情况，是优化资源配置的力量源泉。但是，失业率必须保持在一定范围内，超过极限将会影响现有社会秩序的正常运转。与国际公认的失业警戒线7%作对比，我国历年登记的失业率均在警戒线以内。党的十八大以来，我国新型城镇化建设取得了重大历史性成就，农业转移人口加快融入城市，常住人口城镇化率和户籍人口城镇化率分别超过60%、45%，1亿农业转移人口和其他常住人口在城镇落户目标顺利实现，"19＋2"城市群格局基本确立，城市面貌焕然一新。② 随着城镇人口的迅速增加，再加上每年大量高校毕业生进入

---

①　牛文元. 中国新型城市化报告［M］. 北京：科学出版社，2013：8.
②　中国发展网. 新型城镇化：城市更新提速，放开落户提劲［EB/OL］. https：//baijiahao.
baidu. com/s？id＝1706673144434242549&wfr＝spider&for＝pc.

就业市场,城镇就业压力也随之加大,城镇就业难将会引发一系列社会现实问题。首先,受城镇化进程影响,城市发展占用农民赖以生存的耕地,农民成为失业者,拥有农民身份却成为农业生产劳动的"编外人员";为谋求生计,大量农民转移到城市,受户籍限制没有得到应有的待遇,成为市民的"编外人员"①。如果不能妥善解决失业农民的就业问题,将会引起社会秩序的不稳定,阻碍城市发展。其次,城市内部会引发阶层差异,出现新的贫富分化。稳定的工作是人生存的基本保障,也是家庭生活支出的重要经济来源,失业意味着丧失经济来源,这一类人被划入城市阶层,成为了"城市新贫民",与高、中、低收入家庭形成鲜明对比,在城市内部出现严重的贫富差距。再其次,就业困难会给失业人员带来巨大的精神压力与心理压力,影响人的全面发展。以高校毕业生为例,连年严峻的就业形势给青年人带来巨大的就业压力和心理压力,缺乏对自身价值的认同感。而且失业人员过多,会导致社会秩序混乱,加重社会治安危机。失业人员失业的原因主要分为主观原因和客观原因。客观上由于企业经营不善而引发大面积裁员;或人工智能的高效率导致效率低的员工失业。主观上很大一部分人是由于自身的能力不足,在劳动竞争中处于不利地位,加上我国经济社会发展显现出对劳动力需求年轻化的趋势,进而引发 40 岁以上的中年人就业困难和失业②。

表 3 - 2　　　　　　　　2008 ~ 2020 年我国城镇登记失业人员及失业率

年份	城镇登记失业人数（万人）	城镇登记失业率（%）
2008	886	4.2
2009	921	4.3
2010	908	4.1
2011	922	4.1

① 刘立宏,白书祥. 失地农民就业困难:成因与对策 [J]. 理论探索,2011 (6):90 - 93.

② 王阳. 经济新常态下就业困难群体失业趋势研究 [J]. 经济理论与经济管理,2017 (4):5 - 17.

年份	城镇登记失业人数（万人）	城镇登记失业率（％）
2012	917	4.1
2013	926	4.1
2014	952	4.1
2015	966	4.1
2016	982	4.0
2017	972	3.9
2018	974	3.8
2019	945	3.6
2020*	1160	4.2

注：＊表示 2020 年登记失业统计口径有所调整，与往年数据不可比。
资料来源：2009～2020 年的《中国统计年鉴》。

二、高楼大厦的群起与"城中村"的扩散

在城镇化政策带动下，大中小城市都能看到高楼大厦的拔地而起，尤其是新区，大城市、特大城市更像是豪华建筑的森林。与此同时，以微小密集为显著特征的"城中村"和"棚户区"也日渐增多。"城中村"和"棚户区"主要是指坐落于城市内部或处于城市边缘地带、以外来务工人员和城市底层居民为主的流动人口低成本居住区，这类地区基础设施不健全、社会保障不完善，是被城市遗忘的"角落"，人们主要以满足基本居住需求为目的，单纯谋求生存区间，以稳固在城市立足的基本据点。"城中村"和"棚户区"在国外则称之为"贫民窟"或"贫民区"，最典型的如巴基斯坦奥兰吉镇贫民窟、印度孟买达哈维贫民窟、墨西哥纳扎贫民窟等。不是只有发展中国家才存在城市贫困，发达国家由于贫民区问题所产生的"城市病"问题甚至比发展中国家更为严重。在我国，产生城市贫困问题的典型地区主要是"城中村"和"棚户区"。"城中村"和"棚户区"不仅仅是居住区间，还是贫困人口赖以生存的经济生活据点，所以对其存在的问题必须加以重视。

　　首先，"城中村"和"棚户区"的居民流动性极大，不能及时参与公共事务管理，自身政治权利不能得到有效实现。其次，"城中村"和"棚户区"以尽可能少的土地容纳尽可能多的人口，以至于高危建筑比比皆是，危险事故频发；加之地方政府疏于管理、不予重视，导致这种危房违建乱象持续存在。再其次，"城中村"和"棚户区"人口来源复杂，进城农民、贫困市民、闲散游民大都聚居于此，物质与精神的双重差距导致居民与城市文明格格不入，个别极端居民还会"剑走偏锋"，作出危害社会的行为，治安前景不容乐观。最后，"城中村"和"棚户区"历来都是城市"脏乱差"的代表，居民的家园意识不强，政府服务缺位，居住区基础设施供应不足，无法满足居民的基本生活需要（焦晓云，2015）。"城中村"和"棚户区"的存在所导致的城市乱象，不断加剧城市贫困。因此，推进"城中村""棚户区"的改造和重建势在必行，它是关系国计民生的重大问题，是以人为核心的新型城镇化建设的题中应有之义。

　　除此之外，房价的迅猛上涨与"蚁族""房奴"的出现也是"城市病"的一种表现形式。新中国成立初期，我国城镇人口约为5765万人，占总人口比重的10.64%。① 仅在北京、上海等特大城市出现了"房荒"现象，催生高房价问题，这种趋势并未蔓延到全国。以北京为例，随着城市功能和定位发生变化，常住人口也比以前有了较大幅度的增加，房屋呈现出明显的供不应求，造成北京房价上涨，出现"人多没房住"的"房荒"问题；"房荒"发生后，政府及时颁布法令、扩大供给，到1952年，北京房价呈明显下降的趋势，"房荒"问题得到妥善解决（杨宗儒，2018）。2011年，城镇人口首次超过农村人口，我国进入由乡村社会向城市社会的转型期。随人口增多而带来的住房紧张问题给城市治理提出了新的挑战，新时期住房问题的解决再也不像新中国成立初期那么简单，不是单靠法律制约和扩大供给就能解决的。城市资源十分有限，现有的土地远远不能满足不断增长的城市居民住房需求，加之地方政府依托土地增加财政收

① 中国统计年鉴2021［M］．北京：中国统计出版社，2021：31.

入，各地房价飞速上涨。根据《中国统计年鉴 2018》数据显示，2017 年全国住宅平均销售价格为 7614 元/平方米，全国 35 个大中城市住房平均销售价格为 11048 元/平方米。深圳市居全国之首，达到 48622 元/平方米（见表 3 – 3），比 2016 年的 45498 元/平方米高出 3124 元。对于生活在城市里的低收入居民和年轻人来说，高昂的房价使他们本就拮据的生活雪上加霜。进城务工农民、高校毕业生、刚工作的年轻人尚未拥有充足的资金积累，根本无力承担高额的房价，只能"蜗居"在面积狭小、交通不便、设施不全的居住区。对于有一定资金积累的中等收入群体来说，即使可以缴清首付，一段时间内也难以缴清全部房款，只能不断压缩生活成本，降低生活质量，多数人在买房之后又陷入长时间的"还贷期"，成为城市中的"房奴"。甚至一些人花尽父母的积蓄和自己整个青春奋斗努力的成果，才换得在城市中安稳的住所。"房价高、住房难"问题已经成为城市"毒瘤"，于经济而言是泡沫问题，于社会而言则是我国必须着力解决的重大民生问题。高房价不利于人才引进，使低收入者望而却步，更使外来人员成为城市里的"守望者"和城市福利的"局外人"，阻碍城市发展。要着力推动房地产行业内"去库存"，稳定楼市政策，使城市居民"买得放心、住得安心"。

表 3 – 3　　　　2017 年全国排名前 10 位的城市住房平均销售价格

排名	城市	均价（元/平方米）
1	深圳	48622
2	北京	34117
3	厦门	28053
4	上海	24866
5	杭州	21225
6	广州	17685
7	南京	15259
8	天津	15139
9	宁波	14145
10	海口	11694

资料来源：《中国统计年鉴 2018》。

三、城市规模的扩张与生态环境的破坏

城市作为国家政治经济文化建设的中心，是人口和产业最为密集的地区，也是对环境的污染和生态的破坏最为严重的地区。传统的粗放型产业对城市的水和大气资源造成巨大损害，导致严重的经济损失，污染老债新账交替叠加，以至于直到今天，这种破坏所带来的危害依然存在，并成为当前城市发展最严峻的问题。城镇的环境问题十分突出，生态赤字加大，直接表现在土地资源锐减、生物物种加速灭绝、地下水位下降、水体污染明显加重、大气污染严重等。① 首先，城市内机动车辆的使用增多，带来的尾气释放造成严重的空气污染。随着机动车保有量持续增加，城市大气污染日益严重。翟鸿雁（2011）认为，城市大气污染60%～70%源于汽车尾气排放。我国部分城市空气开始呈现出煤烟、工业粉尘和机动车尾气复合污染的特点，其中，由空气污染所引发的雾霾天气，严重影响城市道路交通系统的正常运行，引发交通事故，威胁人民生命安全。空气污染所引发的各类疾病还会对人民群众的身心健康造成难以弥补的伤害。其次，能源的过度消耗加重城市污染。严刚和杨金田（2007）指出，超过85%的大气污染物是能源利用的产物。工业化的发展目标将城市限定在着重发展工业的圈子内，严重的污染爆发是迟早的事情。人口呈现向城市集聚的趋势，未来城市内能源的消耗还将呈上涨趋势，对城市造成的污染如何处理将成为十分棘手的难题。再其次，水资源污染对人的身体健康和城市发展危害极大。我国淡水资源匮乏，流经城市的河流又遭受工业废水和生活垃圾的双重污染，城市环境和居民健康都面临严峻挑战。最后，城市工业废料和生活垃圾成为污染的重要来源。随着经济的发展，我国城市生活垃圾也快速增长，但却缺乏有效的处理回收机制，大多进行焚烧或一埋了之，所产生的空气污染和土壤污染危害极大。刘成军（2017）指出，我国

① 牛文元. 中国新型城市化报告 [M]. 北京：科学出版社，2013：8.

90%的城市工业废料和生活垃圾在城市郊区或者农村堆放或掩埋，截至2017年，已经累计超过60亿吨，给生态环境造成严重污染。

能源和资源是城市赖以生存和发展的重要物质基础，是制约城市经济可持续发展的重要因子，是关乎城市未来的发展命脉（王浩、王建华，2012）。能源资源已经渗透到城市生产生活各个领域、各行各业，成为城市社会生产发展的重要动力。如何优化能源资源供给，保障能源资源安全，已经成为城市社会必须要面对的难题。从目前来看，我国能源资源的供给体系尚不完善，难以满足城市经济快速发展的需要，14亿多人口的基本国情决定了我国能源资源人均占有不足的现状。我国不可再生能源短缺和水资源匮乏问题十分突出，能源资源约束成为我国城市发展的一大阻碍。通过分析2011~2020年的统计数据可知，我国能源消费总量呈逐年递增趋势，除煤炭消费总量有所下降外，石油和天然气消耗总量仍不断上涨（见表3-4）。

表3-4　　　　　　　2011~2020年我国能源消费情况

年份	能源消费总量（万吨标准煤）	占能源消费总量的比重（%）			
		煤炭	石油	天然气	一次电力及其他能源
2011	387043	70.2	16.8	4.6	8.4
2012	402138	68.5	17.0	4.8	9.7
2013	416913	67.4	17.1	5.3	10.2
2014	428334	65.8	17.3	5.6	11.3
2015	431113	63.8	18.4	5.8	12.0
2016	441492	62.2	18.7	6.1	13.0
2017	455827	60.6	18.9	6.9	13.6
2018	471925	59.0	18.9	7.6	14.5
2019	487488	57.7	19.0	8.0	15.3
2020	498000	56.8	18.9	8.4	15.9

资料来源：《中国统计年鉴2021》。

城市作为人口集聚和经济发展中心，是能源资源消耗的主阵地，城市在吸引人口和产业的同时，也面临能源不足与资源紧缺的压力，必须努力缓解能源资源约束给城市带来的阻力，才能促进城市健康发展。当前，城市能源资源约束主要表现为水资源短缺和能源供给不足。一方面，城市水资源严重短缺。我国是一个重度缺水的国家，但同时也是世界上用水量最多的国家之一。2012 年，全国 669 个城市中有 400 余个供水不足，其中严重缺水的有 110 个①。水资源短缺给城镇化建设和城市经济社会发展带来严重威胁，生活用水消耗和工业废水污染又给城市水资源带来双重压力。另一方面，能源供给不足。我国煤炭资源丰富，但石油、天然气等优质不可再生能源资源短缺，严重依赖进口，对外依存度较高。高耗能的城市现代化发展模式消耗大量能源用以支撑工业生产和经济发展，造成能源使用日益紧张，冲击能源储备和生产的极限，总体而言，能源资源不足已成为束缚我国城镇化快速发展的重要瓶颈。

第二节　中国 "城市病" 的成因

城镇化是一个集经济、政治、文化、社会和生态 "五位一体" 的系统一体化演变和发展的过程。纵观人类社会城镇化发展历史，由于各个国家工业化道路选择的不同，无论是市场主导型还是政府主导型的城镇化道路，都出现过这样那样的城镇化发展各个系统不协调的情况，都一定程度上出现过 "城市病"。各个国家城市化道路选择不同，城市化发展模式不同②，"城市病" 出现的程度、时间略有差别。"城市病" 发生的共性是经

---

① 牛文元. 中国新型城市化报告 [M]. 北京：科学出版社，2013：8.

② 所谓城市化发展模式是指处理城市与工业化和经济发展方式的关系。从国际经验来看，城市化与工业化和经济发展的相互关系一般存在三种情况，就有了三种不同的城市化发展模式，分别是适度的城市化模式、过度的城市化模式和滞后的城市化模式。三种不同的发展模式会形成三种不同类型的城市化，也就会产生三种不同的后果，也会产生不同成熟度和不同类型的 "城市病"。参见简新华，何志扬，黄锟. 中国城镇化与特色城镇化道路 [M]. 济南：山东人民出版社，2010：15－16。

济、社会、文化、生态发展的不协调,[①] 其演变过程是随着一个国家和地区城市化发展所成的 U 形上升规律,而呈现倒 U 形先升后降规律。但由于每个国家国情不同,工业化发展的路径选择不同,"城市病"应对方式和能力不同,各个国家和地区"城市病"又各有自身的特殊性。

一、"城市病"的一般规律与中国城镇化的复杂性

亚里士多德指出,人们为了活着而来到城市,为了活得更好而留在城市[②]。这是西方学术界普遍认可的关于城市本质的论述,即建设城市就是为了满足人们不断增长的美好生活需要。城镇化进程中,人们为了更好地生活来到城市,当进城人口在一定限度内,城市能够在保持相对平衡的基础上实现快速发展。但由于城市的基础设施、公共服务、环境容量、能源资源承载力是有限的,当农业转移人口超过城市的容纳力,当城市消耗超过能源资源承载力,城市就会因为失衡和无序而出现一系列问题,这就是"城市病"。

(一)城镇化发展阶段与"城市病"的关系

1975 年,美国地理学家诺瑟姆通过对各个国家城市人口占总人口比重的变化研究发现,城镇化进程呈一条 S 形曲线,具有阶段性规律。城市人口超过30%,城市化进入加速期,城市化进程明显加快,直到城市人口超过70%;先后会经历起步、加速和后期三个阶段(见图 3 – 1)。

诺贝尔经济学奖得主库兹涅茨指出,生产力发展必然伴随着人口增长和结构的变化。生产资料从农业产业转向非农产业,城乡人口结构发生重大变化,这就是工业化过程和城镇化过程。[③] 城镇化是农村的生产要素(包括人口、生产资料等)不断向城镇转移和集聚的过程,其本质是空间

① 向春玲. 中国城市化发展与反思 [M]. 云南:云南教育出版社,2015:62.
② 亚里士多德. 政治学 [M]. 颜一,秦典华,译. 北京:中国人民大学出版社,2003:90.
③ 西蒙·库兹涅茨. 现代经济增长:发现与思考 [M]. 北京:北京经济学院出版社,1989:23.

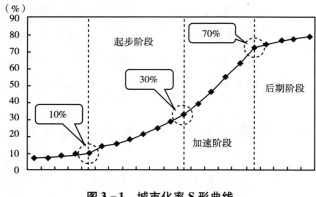

图 3-1 城市化率 S 形曲线

资料来源：傅崇兰，周明俊. 中国特色城市发展理论与实践 ［M］. 北京：中国社会科学出版社，2003：76-79.

结构、经济结构、社会结构和文化结构良性而有序的变迁。城镇化初期，受规模效益和集聚效应的影响，城市经济往往得到迅速发展；但当集聚达到一定程度后，集聚的负面效应就会集中显现出来，当集聚的负面效应超过集聚的正面效应时，城市问题便随之产生。理论上来说，"城市病"是可以预防甚至避免的，但资源的有限性与需求的无限性之间的矛盾决定了"城市病"是各国城镇化进程中普遍存在的现象。对于某个具体国家来说，"城市病"与城镇化发展阶段密切相关。根据一般经验，"城市病"的发展往往经过"潜伏期—凸显期—发展期—康复期"的演化过程，如图 3-2 所示。

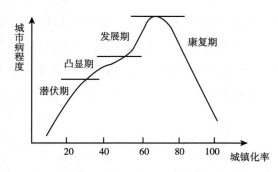

图 3-2 城镇化进程中"城市病"的演变发展曲线

1. 第一阶段：潜伏期（城镇化率＜30%）

城镇化发展初期，城镇化率较低，城市人口一般占全部人口的30%以下。这一时期城市集聚人口和生产要素的速度和数量都在城市承载能力范围之内，城市人口集聚对城市发展具有重要推动作用。城镇化对城市发展的推动作用主要由于城市工业劳动生产率高于农村农业劳动生产率，城市工资待遇高于农村经营收入，以增加收入改善生活为目的，部分农业转移人口选择进入城市，而城市工业大发展恰好需要大量劳动力，此时的人口转移顺应城市工业发展需要，客观上促进了城市经济的快速发展。整体来看，城镇化早期的城市人口、产业布局、城市功能等都处于发展起步阶段，集聚的正面效应远大于负面效应，甚至负面效应还未显现出来，城市的集聚能力和规模效益也远未达到应有的程度。尽管如此，作为经济发展的"领头羊"，城市还是吸引了周边的人才、资源等各种要素，从而实现了优先发展。此时，各类城市问题较少，"城市病"处于潜伏期。

作为理性经济人，城市势必以推动生产力快速发展为己任，并为实现这一目的而制定一系列促进人口、资源等要素快速向城市流动的政策。由于缺乏对城市发展的理性认识，它们很难意识到大量农业转移人口进入城市可能引发的无序和混乱状态。同时，囿于匮乏的经验和有限的财力，城市不会也不愿在没有任何征兆的情况下花费大量的人力、物力、财力为未来可能出现的各种经济社会问题"埋单"，这为未来"城市病"的产生和集中爆发埋下了隐患。

2. 第二阶段：凸显期（30%≤城镇化率＜50%）

城镇化发展前中期，城镇化率有一定提高，城市人口一般占全部人口30%～50%。城镇化发展进入快车道，经过前期的缓慢发展，城市人口和经济发展迎来了发展高峰。趋利本能作用下，农业转移人口以前所未有的速度和规模短时间内迅速集中到城市，城市规模不断扩大，城市数量不断增加，城市功能不断健全。这个时期，由于政府在早期并未重视城市规划和城市管理，城市设计时并未考虑未来城市的人口容量、环境容量、资源承载力等问题，大量农业转移人口进入城市给城市带来了巨大压力，原有的城市系统已不能适应城市快速发展的需要,"城市病"开始凸显。由于处于"发病"初期,"城市病"症状一般较轻,整体可控。

"城市病"凸显时期对应的一般是工业化中期,此时集聚的负面效应开始显现。从原因角度分析,工业化的快速发展对劳动力提出了数量上的要求,农业转移人口流入城市后,导致了对城市公共产品的大量需求与城市公共产品供给不足之间的矛盾,"城市病"由此发生。从现实表现分析,此时"城市病"主要体现在人口膨胀、住房紧张、环境污染、交通堵塞等方面。这一阶段的"城市病"主要是由人口快速集聚引发,造成的后果并不严重,城市治理和掌控相对来说较为容易。但如果因为后果不严重而置之不理,不用政策加以合理引导,也有可能引发严重后果。

3. 第三阶段:爆发期(50%≤城镇化率<70%)

城镇化发展中期,城市主导型国家开始形成,城市人口占全部人口的50%~70%。这一时期,随着城镇化和工业化的进一步发展,农业技术被广泛应用,农业劳动生产率进一步提高,更多的农业人口被释放了出来。此时的城市正在高歌猛进,对劳动力的刚需依旧强劲。在农村推力和城市拉力双重作用下,越来越多的农业人口进入城市,实现个人梦想的同时也补足了城市发展所需要的劳动力缺口。城市规模进一步扩大,城市系统更加复杂,城市功能日益多元,除人口外,生产资料、能源资源等都向城市集聚,诸多要素的快速集中很快就超过了城市的容纳水平和消化能力。前期由人口过多导致的各类问题进一步恶化,"城市病"开始集中爆发。除人口因素导致的城市问题外,非人口因素引发的各类问题也开始显现,比如:城市贫困、焦虑抑郁、资源短缺等。这严重影响了城市居民的生活质量,降低了人民由城市发展带来的获得感和幸福感,人民对美好生活的需要难以得到有效满足。

同时,随着工业化和城镇化的发展,城市经济发展水平有了很大提高,人们对生活质量和生活水平也随之有了更高要求。人们开始追求优美的生态环境、良好的卫生条件、充裕的公共产品、完善的法律规范、普适的公平公正等,因此,越来越多的人开始关注"城市病",开始对治理城市问题提出要求。此时，整个社会都对"城市病"的危害有了切肤之痛，开始研究相应的治理对策。政府也痛下决心，诸措并施，力图治疗"城市病"。但是，由于新增人口带来的新需求远远超过政府创造的新供给，城市治理能力和水平远远赶不上城市的新变化，城市供需失衡、混乱无序的局面并没有根本改变。这一阶段的"城市病"呈现出全覆盖、高危害等特征。糟糕的是，随着城镇化的进一步推进，"城市病"还会继续恶化，这在很大程度上妨碍了城镇化的健康持续发展。此时的"城市病"对政府治理能力提出新要求，如果措施得当，"城市病"可以在一定程度上得以缓解，并在城镇化完成后（城镇化率达到70%即可视为城镇化完成）随着各项政策的完善而逐渐康复。如果措施失当，则有可能出现极端情况，即由于政策失效导致新病旧患交织叠加，"城市病"进入失控状态，这将给城市带来更大更多危害，也增加了未来治理的难度。

4. 第四阶段：康复期（城镇化率≥70%）

城镇化发展后期，城镇化已基本完成，城市人口一般占全部人口的70%以上。此时的城镇化速度放慢甚至停滞，很多地方还会集中出现逆城镇化现象，城乡关系趋于稳定。城市人口、规模、功能、供需等都逐渐达到平衡，城市进入成熟巩固期。考察发达国家城镇化进程，这一阶段由于政府持续发力，不断制定政策采取措施，"城市病"将会逐渐治愈，城市会慢慢恢复到健康状态。经过一段时间的发展，城乡差距会逐渐缩小甚至消失，农业人口向城市转移慢慢停止甚至出现回流，城乡一体化和城乡融合此时有望实现。一般来说，如果城市政府在凸显期和发展期就采取了有效措施，这一阶段的"城市病"治理就会相对容易。当然，"城市病"问题的彻底解决和美好图景的实现需要一个较长时间，这个时间主要取决于城市治理能力的强弱和早期治理的成效。

（二）"城市病"的生成机理

无限需求与有限供给是任何社会都无法克服的矛盾①。"城市病"就

---

① 焦晓云. 城镇化进程中"城市病"问题研究：涵义、类型及治理机制 [J]. 经济问题，2015（7）：7 – 12.

是由供需失衡引发的城市混乱无序的状态。从人口学分析，城镇化就是人口进城。因此，分析"城市病"的生成机理，就是要分析大量农业转移人口进城后，人口对城市带来的压力和城市对人口的吸收接纳能力。概而言之，影响"城市病"的主要因素包括：城市容纳系统、人口带来的压力、城市对压力的应对。

城市容纳系统主要包括五方面。（1）产业系统，为农业转移人口提供就业岗位，就业是农业转移人口在城市安身立命的根本①。（2）公共服务系统，为农业转移人口提供教育、养老、医疗、卫生等公共服务。（3）基础设施系统，为农业转移人口提供住房、休闲、健身等各项条件。（4）能源资源系统，为农业转移人口提供生存发展必需的能源和生活资料。（5）生态环境系统，为整个城市提供优美环境，吸纳各种废弃物等。

人口带来的压力主要体现在四个方面。（1）就业压力。农业转移人口进入城市首先要就业，这给城市的产业结构和产业发展提出了严峻挑战，城市如果解决不好，容易产生大量城市贫民，城市贫民聚居的地方就是"贫民窟"。（2）管理压力。农业转移人口给城市人口管理与服务带来压力，加大城市管理的难度。（3）供给压力。城市的基础设施和公共服务总量是一定的，大量农业转移人口进入给城市交通、环境、教育、医疗、住房等都带来了压力。（4）环境压力。人口增加给城市的空气、水、土壤环境以及生物多样性带来新的容纳压力。②

城市对压力的应对主要表现在四个方面。（1）城市建设为农业转移人口提供充足的城市基础设施。面对大量人口流入，城市只有加大投入，加快城市基础设施建设才能实现供给与需求的相对平衡。（2）城市治理。基础建设基本完成以后，城市治理就成为现代城市的工作重心，其核心与重点是价值构建。（3）产品供给充足可以有效减少城市贫困，防止城市内部

---

① 焦晓云. 当代中国人的城镇化研究 [M]. 长春：吉林大学出版社，2018：201.
② 张喜玲. 城市病的形成机理研究——以中国城市化为例 [D]. 保定：河北大学，2013：21.

出现新的二元结构和两极分化。（4）现代技术是城市治理的崭新手段，为"城市病"预防和治理提供新思路。

人口压力与城市应对是一对互相抗衡的动态力量，它们此消彼长，你强我弱。当城市反应系统积极响应措施得当时，人口压力问题就能够得到某种程度的缓解，城市供需能够实现暂时的平衡，"城市病"就不会发生。当城市反应系统反应迟缓措施失当时，城市就会面临过多人口的压力，最终会导致各种城市问题即"城市病"。需要指出的是，当城市人口压力被抗衡抵消，如果城市基础设施老化和公共服务效率低下，也会造成变相的人口压力，引发"城市病"。综上所述，根据"城市病"的影响因素及其生成机理，参考现有研究成果①，笔者构建了如图 3-3 所示的"城市病"生成机理模型。

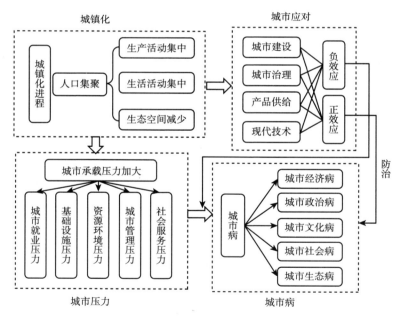

图 3-3 "城市病"生成机理模型

---

① 参见河北大学张喜玲的硕士学位论文《城市病的形成机理研究——以中国城市化为例》，笔者以其模型为基础进行了重新构建。

（三）我国城镇化的复杂性

工业化是城镇化的发动机，在农业发展的基础上，工业化有了动力，机器大工业引起了更大规模的集中生产，工业的聚集导致人口的聚集，产生了现代意义上的城市。由于农村生产生活和文化落后，形成推力；城市的物质生活和精神生活更加先进，形成拉力，在推力和拉力的共同作用下，城市进一步扩大规模，并成为世界的主宰。城市的根本特点是集中，这种集中的优势又是工业化发展所需要的基本条件，因为它产生的集聚效益、规模效益和分工协作效益，为工业化创造了更便利的条件。[①] 可见，城镇化与工业化和经济社会发展关系密切、互为因果并相互制约。从国际经验看，城镇化与工业化和经济社会发展的相互关系一般存在三种情况，也就存在三种不同的城镇化发展模式。[②] 第一种是适度同步城镇化，即城镇化进程与工业化和经济社会发展水平呈合理的正相关关系，如英国、日本等；第二种是过度城镇化，又称超前城镇化，即城镇化进程超过了工业化和经济社会发展水平，如巴西、墨西哥等；第三种是滞后城镇化，即城镇化进程落后于工业化和经济社会发展水平。[③] 新中国成立到改革开放前，由于重工业优先赶超战略、城乡二元制度的阻隔、农村人口的过快增长以及农业发展滞后等原因，中国的城镇化严重滞后于工业化和经济社会发展水平，呈现滞后城市化现象。[④] 改革开放后，我国城镇化在农业发展、城乡推拉力双重作用、制度变迁、对外开放的促进特别是工业化的超高速发展等多重因素作用下驶上快车道。在城镇化道路上，我国无法绕过去的基本国情是：超大的人口规模；地区经济社会发展的不平衡；社会主义市场经济体制的转型；城镇化的时空压缩等。加之我国城市的功能从单一的生

---

① 简新华，何志扬，黄锟．中国城镇化与特色城镇化道路［M］．济南：山东人民出版社，2010：228．

② 简新华，刘传江．世界城市化的发展模式［J］．世界经济，1998（4）：14－18．

③ 姜爱林．试析对中国城镇化水平的基本判断［J］．云南财贸学院学报，2002（4）：48－52．

④ 简新华．论中国特色的城镇化道路［M］//发展经济学研究（第四辑）：中国工业化和城镇化专题．北京：经济科学出版社，2007：107－108．

产型向生产和生活并重转型，城市的发展由政府主导向政府和市场协同推进，城市的治理从自上而下推动向上下联动转型是一个艰难的过程，在城镇化快速发展过程中就产生了各种难以避免和克服的"城市病"。

二、传统体制机制的历史性作用与现实影响的持续性

科层制度下，我国体制机制呈现出较为明显的等级性、行政性和专断性。[①] 我国城镇化建设受到官员考评机制、财税管理机制、行政管理机制等影响在所难免。因此，我国"城市病"的产生除了具备与其他国家共同的原因外，还具有强烈而明显的体制机制成因。事实上，很多情况下，我国科层制度下的体制机制对城市建设和经济发展发挥着"导航塔"的作用。找到"城市病"的体制机制成因，对有效治理"城市病"有重要作用。

（一）城乡二元的户籍制度

中国的户籍制度是由城乡二元结构下限制人口流动的户籍制度演化而来的，从根本上说，它是计划经济的产物。新中国建立初期，它在稳定农村人口、发展农业特别是全力发展城市工业上起到了积极作用。户籍制度肩负着人口登记、人口管理、信息分析等基本功能，后来又被赋予身份认同、社会地位、资源配置等附加属性。[②] 但妨碍人口流动的户籍制度与市场经济资源优化配置的要求相背离，导致城镇化进程中一系列城市问题。

农业人口向非农行业和城镇转移是世界城镇化进程中的普遍规律，也是农业现代化的必然要求。改革开放以来，随着户籍制度改革的推进，户籍早已不是限制人口流动的主要因素。但由于户籍是城乡二元结构的核心，它依然承担着划分社会福利的功能。从全国范围来看，与户籍制度相

---

① 何哲. 科层官僚制的困境与人类新时代的行政体系构建 [J]. 新视野，2018（5）：73 - 79.

② 牛文元. 中国新型城市化报告 2013 [M]. 北京：科学出版社，2013：56.

关联的各项福利和权益有 20 多项，涉及经济、政治、文化、医疗卫生等各领域。① 在大城市和特大城市，与户籍挂钩的社会福利更多。户籍制度俨然已成为以户籍性质和户口所在地为依据的权利界定和利益分配制度，这导致农业转移人口只能实现名义上的城镇化，却不能享受同等的待遇。

首先，户籍制度造成严重社会不公。古希腊哲学家亚里士多德认为，"天生平等的人按照其自然本性必然具有平等的权利和同等的价值"②。但我国以城市为中心的发展思路催生了城乡二元的户籍制度，户籍制度将人分为城市居民和农村居民，各类社会保障和福利往往以户籍作为标准，由此，户籍造成城乡居民之间的诸多不平等。农民工在城市干着最苦最脏最累的活，却拿着最少的工资，他们在城市不但买不起房，甚至在城市核心地区租房都成问题。安居才能乐业，城市住房也阻碍了部分想要到城市生活却又难以支付高额房价的农民工。新生代农民工大多在城市生长，他们不懂农业生产，即便经济形势不好，就业形势严峻，他们也不太可能回乡务农。③ "无论在什么地方，不平等总是动乱的起因"④，社会不公使得农民工对城市"又爱又恨"，既离不开城市又对城市充满了怨言，农民的有限理性使得他们的怨恨时常见诸行动，从而遭到城市居民更大程度的反感与排斥，城市的不友好又加剧农民工的抵触情绪，于是，农民工与城市的关系便陷入了死循环。这为城市稳定和社会和谐埋下了隐患。

其次，户籍制度助推城乡周期性人口流动。在现有户籍制度下，城市对农业转移人口的普遍态度是"要人手不要人口"，这就造成了大量农业转移人口长期居住生活在城市而又不能融入城市的尴尬局面。他们向往城市生活，渴望成为真正的"城里人"，但一纸户籍成为横亘在他们与城市

---

① 王列军. 户籍制度改革的经验教训和下一步改革的总体思路 [J]. 江苏社会科学, 2010 (2): 59 – 65.

② 亚里士多德. 政治学 [M]. 颜一，秦典华，译. 北京：中国人民大学出版社，2003: 109.

③ 牛文元. 中国新型城市化报告 [M]. 北京：科学出版社，2013: 40.

④ 亚里士多德. 政治学 [M]. 颜一，秦典华，译. 北京：中国人民大学出版社，2003: 160.

之间的宽大鸿沟，农民工在城市难以享受城市居民与生俱来就享有的各项优质资源和公共服务，他们面临着就业难、购房难、看病难、上学难等一系列本不该有的难题。对他们来说，城市不是"家"，而是一个暂时寄居地，因此，每到节假日特别是中国传统节日春节，他们就会定期回到家乡，与家人团聚，具有浓郁中国特色的"春运"由此产生。对很多农民工来说，春节与家人团聚是他们一年中最快乐最开心的时刻。周期性的城乡人口流动加重了交通压力，据报道，2019 年春节，29.8 亿人次参加了人类迁移史上著名的周期性"大迁徙"①，在给交通造成压力的同时，也造成了环境的污染和资源的浪费。与此同时，农民工工作性质决定了他们不会在同一个地点长期居住，他们只能定期或不定期在不同城市或同一城市的不同区域迁移。但无论怎样迁移，他们的根却在农村，"土地与宅基地是农民赖以生存的物质基础与精神家园"②。中国没有出现拉美国家那样的贫民窟，其根源也在于此，当然，这是以交通部门承受巨大压力、资源过度消耗和环境遭受污染为代价的。

最后，户籍制度催生城市"新贫民"和社会问题。在当前户籍制度下，城市户口与公民权益和社会福利相挂钩，而且越是大城市，与户口捆绑的社会福利就越多。没有城市户口意味着农业转移人口很难在城市安家落户，他们在城市只能居住在工地简陋的工房或租住在较为偏远的"城中村"和"棚户区"，原本进城追逐美好生活的农民工被迫沦落为城市新贫民。亚里士多德曾指出，"贫困就会孕育动乱和犯罪"③。原本贫富差距并非坏事，适当的贫富差距既是激励措施，又是资源优化配置的重要方式。但是人为不公造成的贫富差距是人们不可忍受的。农民工是城市中的特殊群体，70% 的新生代农民工认为，他们与城市居民在社会地位上有差异，他们游离于市民和农民之间，时常与迷茫、惶恐相伴，成为既融不进城市

---

① 樊曦，齐中熙，赵文君. 2019 年春运平稳收官［N］. 经济日报，2019 – 3 – 2（004）.
② 叶祝颐. 城市化的关键是人的城市化［N］. 中国劳动保障报，2012 – 11 – 2（008）.
③ 亚里士多德. 政治学［M］. 颜一，秦典华，译. 北京：中国人民大学出版社，2003：44.

又回不了农村的"边缘人"。农民工在城市处于经济利益非市民化、政治权利失语化、文化生活孤岛化、社会形象污名化的尴尬境地。① 在生活、精神等多重压力下，再加上城市居民的歧视和排斥，他们往往容易铤而走险，走上犯罪的道路。事实上，在比较成熟的城市，每新增一个低收入者都是在增加城市负担，虽然节省了工资，但却在公共产品预算中增加了额外开支。② 新时代强调以人民为中心，这意味着城市（超大城市、特大城市除外）要逐渐放开户籍限制，确保农业转移人口公平享有基本公共服务，只有这样，才能缓解并逐步解决由户籍制度带来的城市贫困和城市犯罪等社会问题。

（二）干部选拔与政绩考核机制

20 世纪 80 年代，我国正式制定了干部选拔任命程序。③ 后来虽经几次修订调整，但上级部门提名、组织部门考察、党委讨论决定始终是程序中的必要过程，这决定了我国干部的选拔任命本质上属于行政任命制。④ 在提名、考察、党委讨论时，干部执政期间的政绩往往是能否最终通过的重要的甚至决定性的因素。所以，各级领导干部在政策制定、项目立项等上面会更倾向于上级部门的考核内容。在这个意义上说，上级部门干部选拔倾向决定着地方干部努力的方向。政绩考核在选人用人、选贤举能等方面发挥了重要作用，为我国现代化建设提供了充分的人才保障。但随着政绩考核机制在全国的普及，政绩考核指标对地方政策的制定与执行发挥着越来越大的作用。在一定意义上说，政绩考核指标就是地方政府施政的风向标。政绩考核指标中 GDP 总量、招商引资、民生福祉、环境保护、人民满意度等各类指标所占比重如何，直接决定着地方领导干部的工作指

---

① 焦晓云，王金．农民工"半城镇化"现象的本质向度与生成机理 [J]．税务与经济，2017（6）：20－24．
② 刘易斯·芒福德．城市文化 [M]．宋俊岭，李翔宇，等译．北京：中国建筑工业出版社，2009：284．
③ 详情参见 1986 年 1 月 28 日的《中共中央关于严格按照党的原则选拔任用干部的通知》。
④ 王正平．中国首位级城市"城市病"：表现、根源及其治理 [D]．上海：复旦大学，2014：20．

向。考核过程程序化、形式化色彩较浓，考核内容与人民期待有一定差距，考核结果难以真实反映客观现实，考核的科学化水平亟须提高。

政绩考核指标的片面性给城市经济社会发展带来诸多负面影响，带来了一系列经济社会问题。一方面，过于注重经济指标导致政府过于强化城市功能，城市集聚程度超过城市承载能力。某些大城市特别是特大城市和超大城市，原本城市功能已经较为完备，但为了追求经济增长的高速度，不断制定政策推动产业集聚，阻止任何功能向外转移。城市功能应有尽有，但也造成了城市生态环境和公共产品的力不从心，人口拥堵、交通不便、环境污染、资源紧缺的"城市病"应运而生。另一方面，城市政策注重为企业服务而忽视为人民服务。为了招商引资，为了留住大企业同时也留住财政税收，政府往往会出台针对性的优惠扶植政策，而急需帮助的小微企业和有发展潜力的朝阳产业却很难得到政府的扶持帮助，使其进一步丧失竞争力。政府投资时往往热衷于将有限的资金用在投资周期短、回报效率高的项目上，而对于改善环境、促进公平、提高人民生活质量这类投资大、见效慢的项目容易被拖延和搁置。政府的做法推动了经济发展，但这种发展却是在上级考核范围之内的有限的发展，而上级考核不到的诸如改善和保障民生等方面政府往往发力不足，政府的公益属性彰显不足。

（三）不健全的生态环境保护机制

生态环境是公共产品，为市民创造良好的生态和环境是政府义不容辞的责任。但在我国现行体制下，我国生态环境保护实行的是"由上而下"的分级管理和分级治理机制，[①] 加上生态环境的保护和治理涉及领域较多、跨度较大、部门协同效率较低，环保部门在具体操作时很难独自完成跨领域、跨部门的生态环境的协调与治理。其他部门制定政策、执行政策时出于理性往往从本地区本部门利益出发，注重部门利益忽视整体利益。这种高耗低效的治理方式和治理机制与生态环境治理的要求相去甚远。尽管各

---

① 赵志凌等. 我国湖泊管理体制机制研究——以江苏省为例［J］. 经济地理，2009（1）：74－79.

地纷纷出台了相关法律法规，对生态环境保护作出了相应规划，但治理的协同性、权威性、针对性等问题依然突出，生态环境保护的体制机制并不健全。

首先，条块分割的治理体制不利于生态环境的保护与治理。长期以来，我国城市管理体制中的计划经济痕迹较为严重，在城市治理中主要体现为条块分割、以条为主。生态环境的系统性与治理机制的割裂性是"城市生态病"的根源。① 从垂直管理来看，"条"处于资源配置和人财事的链条顶端，具有优先管理权和分配权，在"条"的干预管制下，"块"的积极性和能动性很难有效发挥；从平行管理来看，上级职能部门"各自为政"，形成某一事物的"条"，地方各级相同职能部门则成为专管这一摊事的"块"。地方生态环保部门既要接受国家生态环境部的监督管理，又要接受辖区政府的直接管理和领导。条块的双向管理使职能部门在"条"的范围内趋利避害，很难找到地方管理与上级领导的平衡点，很多生态环境问题在治理中容易出现"一抓就死，一放就乱"的怪象。

其次，生态环境的补偿机制不健全。生态环境是公共产品，但过度使用或者使用造成损害就要进行补偿。长期以来，由于缺乏有效的补偿机制，我国生态环境都是无偿使用的，在获取更多利益的驱使下，企业将不经过处理的工业垃圾送回自然界，给生态环境造成重大破坏。造成的结果是：生态环境守卫者和保护者没有任何回报，打击了其坚守的积极性；受害者没人关心没人补偿，加深了其对政府的恶意和抵触情绪；破坏者没有受到法律和经济制裁，增加了其嚣张气焰和再次违法的胆气。新时代，这些矛盾和问题的解决都要依靠健全高效的体制机制。

最后，生态环境保护机制与其公共产品的社会属性存在着难以克服的矛盾。良好的生态环境是最公平的社会福祉，事关每个人的切身利益。②

---

① 刘嗣明，杨晓丽. 武汉城市圈生态环境保护一体化机制创新研究 [J]. 华中师范大学学报（自然科学版），2011（9）：497–508.
② 习近平谈治国理政 [M]. 北京：外文出版社，2014：208.

生态环境属于公共产品，因此，职能部门的工作人员在思想上存在搭"顺风车"心态，很多时候他们将希望寄托于企业和社会团体。由于生态环境的共有性质和非排他性，企业和社会团体难以从环境治理中获取非排他性收益，它们参与生态环境治理并不积极，再加上职能部门的工作人员的侥幸心理，容易导致出现"公地悲剧"和"市场失灵"。当政府职能部门主动提供生态环境产品时，也存在着个人爱好、部门喜好与公共偏好的统筹协调问题，容易出现"政府失灵"现象。此外，生态环境保护机制难以激活人民群众身上的活力，民众参与度较低。由于生态文明理念并未内化为人民群众的价值共识，再加上生态环境保护机制和推进措施的不完善，目前的普遍状况是：政府独挑大梁，企业勉为其难，群众作壁上观。诸多因素使得城市的生态环境问题越来越严重，成为影响人们生活质量进一步提高的"城市病"。

三、城市规划的"有限性"与城市治理的渐进性

城市发展规划是城市建设的先导，城市规划科学合理高效，城市就会健康持续快速发展；城市发展规划不合理，城市建设就会走弯路。可以说，城市规划是城市建设的龙头。2015 年，习近平在中央政治局会议上指出，城市规划至关重要，要精准把握准确定位，并加强对落实的监督。①改革开放以来，我国城镇化建设按下快进键，城市规划也从无到有，在推动城镇化发展、规范城市建设等方面发挥了重要作用。但是，由于我国城市规划起步晚、起点低，也存在着一定的先天不足。在以"短促突击"为特征的城镇化进程中，城市规划过于偏向速度和数量，对城市特色、人文景观、文脉传承等有所忽略，最终导致诸多城市问题。

（一）城市规划偏重经济指标

新中国成立以来，我国城市发展规划编制办法共经历了四次修订。其

---

① 中共中央政治局召开会议：分析研究二〇一六年经济工作 研究部署城市工作［N］. 人民日报，2015－12－15（001）.

中，2006 年修订版（目前最新版）首次提出，"城市规划"应作为政府的公共政策。[①] 但在以速度为导向的城镇化进程中，城市规划的公共属性被政府忽略。为了实现城市建设和个人发展的有机统一，政府制定城市规划时往往以能否最大限度推动经济建设和经济发展为目的，忽略了社会建设、文化建设、环境保护等方面，城市规划成为实现其政治抱负的合理合法的技术手段，因此，经济指标和 GDP 增速成为城市规划考虑的主要因素。

2015 年中央城市工作会议指出，现代化建设是城市建设的重要基础，城市建设是现代化建设的重要引擎。[②] 城市建设对经济增长具有重要推动作用，但如果城市规划不科学不合理，带动经济增长只能是暂时的，迟早会发生经济、文化、社会、生态等各方面的"城市病"。首先，城市规划"要地不要人"。在我国，土地属于国家和集体所有，而政府所代表的国家是土地用途的最终决策者，"拥有获得农地并将其转给城市使用者的排他权利"[③]。在利益驱动下，地方政府采取的是"摊大饼"式的城镇化建设模式，在大肆增加城镇数量和城市规模的同时，"要地不要人"。据统计，20 世纪 90 年代以来，全国城镇建设用地增加了三倍多，但城市人口增加不到两倍。[④] 为了维持城市较低的公共开支，城市并不给那些因失地而进入城市的农业转移人口户籍，据报道，21 世纪的第一个 10 年间，全国城市建成区面积增长了将近 80%，而城镇人口仅增加了 45% 左右。[⑤] 其次，城市规划"要人手不要人口"。我国城镇化率的提高主要是由农民进城带动的，农业转移人口对城镇化率的贡献超过一半。[⑥] 这是我国城市发展的

① 杨保军，闵希莹. 新版《城市规划编制办法》解析 [N]. 城市规划学刊，2006 (4)：1–7.

② 中央城市工作会议在北京举行 [N]. 人民日报，2015–12–23 (001).

③ 中国特色新型城镇化发展战略研究（第四卷）[M]. 北京：中国建筑工业出版社，2013：176.

④ 中国特色新型城镇化发展战略研究（第四卷）[M]. 北京：中国建筑工业出版社，2013：177.

⑤ 田雪原. 以改革创新推动城镇化转型升级 [N]. 人民日报，2013–07–17 (007).

⑥ 王知桂，杨强，李莉. 农业转移人口市民化的制度困局及破解 [M]. 北京：经济科学出版社，2015：103.

需要，也是现代化建设的必要条件。要实现真正的城镇化，还要推动进城农民的市民化进程，但是农民工市民化需要庞大的资金支持，据统计，农民转化为市民，使其享受到市民能够享受到的所有权益，平均每人需要10万～20万元，① 当前，我国依然有1.7亿外出农民工，如果将这些农民工转化为市民②，至少需要17万亿元的投入，这笔钱完全由地方政府承担。所以，地方政府对于推进农民工市民化热情并不高，国家发改委在调研户籍制度改革方案时曾遭到几乎所有市长的反对。③ 截至2018年底，我国常住人口城镇化率为59.58%，而户籍城镇化率仅为43.37%,④ 现有财税制度和考评机制下，"要人手不要人口"才是最符合地方政府利益的理想选择。最后，城市规划"要白领不要蓝领"。目前，各大主要城市主要通过"积分落户"的形式解决外来人口的户籍问题。城市为了实现更高更好的发展，各地在计算积分时普遍存在着重视学历学位、轻视技术能力的倾向，农民工学历普遍较低，落户城市的难度非常大。可以说，农民工为城市建设和城市发展作出了重大贡献，但很难以在城市落户，他们逐渐成为城市边缘人，沦落为城市新贫困人口。

（二）城市功能偏向贪大求全

历史地看，各类资源在某些发达城市高度集中，是我国"非均衡发展战略"的必然结果。实施"非均衡发展战略"与我国当时的具体国情相适应。改革开放初期，我国经济文化水平落后，将有限资源分散开来显然不利于集中力量办大事，不利于部分地区先富起来，先富带动后富。在城镇化初期，这种方式在集中优势资源、推动城市建设、促进城市发展等方

---

① 王大伟. 城镇化扩内需的关键是推进农业转移人口市民化［N］. 中国经济时报，2013 - 1 - 8（006）.
② 中华人民共和国国家统计局. 中华人民共和国2020年国民经济和社会发展统计公报［N］. 人民日报，2021 - 3 - 1（010）.
③ 孙莹，姚一然. 调研显示户籍改革几乎遭所有市长反对［J］. 财经国家周刊，2012（16）.
④ 中华人民共和国国家统计局. 中华人民共和国2018年国民经济和社会发展统计公报［N］. 人民日报，2019 - 3 - 1（010）.

面起到了不可替代的作用。但是，当整体经济形势好转，国家实力提升以后，这种形式的弊端将会逐步显露，典型的就是城市的两极分化，大城市负荷过大，长期承受人口、资源、环境等各方面的压力，中小城市集聚能力不强，人口、要素流失严重，城市发展后劲不足。

城市发展的历史表明，无论城市的面积多大、产业多广、功能多全，都不可能长期承受人口的无限制流入和功能的无限扩张。[①] 事实上，任何城市的资源和环境承载能力都是有极限的，超过这个限度就会引发各式各样的"城市病"。所以，主要大城市都实行了严格控制人口的措施。外来人口之所以愿意进入这些城市是因为这些城市拥有其他地方所没有的资源优势，它们是国家或某个区域的经济、政治、文化、金融等几乎所有种类的中心，是社会资源高度集中集聚的地方。城市功能高度集中是人口集聚的动力之源，城市规划的求大求全是导致产业、人口高度集中的主要原因。我国城市出现的各类问题，从表面来看是人口过多导致的，但深层次的原因在于城市功能贪大求全导致的资源高度集中。从经济学分析，生产要素集中到城市后就会产生极化效应，以牺牲周边为代价带动城市快速发展。当极化效应发展到一定程度，极化效应就会转化为涓滴效应，通过辐射影响带动周边发展。这是经济学发展一般规律。这意味着一个大城市周边往往会有几个较为发达的小城市，这是大城市的卫星城。但在我国城镇化发展进程中，这一规律被人为打破。我国多数城市，特别是省会城市都存在着城市功能贪大求洋的问题，集周边所有优势资源于一身，这样人为地扩大了极化效应，导致对周边资源、人才更多地吸纳，在这种逻辑下城市就会实现"摊大饼"式的无序扩张，最终导致城市规模越来越大，城市功能越来越全，同时城市负担越来越重，城市问题越来越多。更为严重的是，周边会出现所谓的"环大城市周边贫穷带"。

（三）城市空间规划短视

城市空间是城市发展和人们生产生活的载体，城市空间规划是关于城

---

① 付小为. 贪大求全的城市化已不可持续 [N]. 长江日报，2014－03－28（010）.

市空间资源的制度性安排，对城市空间进行制度化安排的责任主体是政府。① 从根本来说，城市空间规划就是要处理好空间资源与人的关系。其中，空间资源问题指的是我们现有的空间资源以及未来可供利用的资源，能否满足我国庞大人口需要并支撑较高质量的城镇化建设；人的问题本质上是文化问题和价值观问题，指的是有没有合适的、合格的人推动城市发展，完成历史使命。进入 21 世纪以来，我国城镇化率以年均 1.2% 的速度快速增长。根据测算，城镇化率每增长 1 个百分点就需要增加 1800 平方公里的建设用地。②我国城镇化"摊大饼"式的快速扩张必然需要大量的城市空间与之相适应，大量农业用地转化为建筑用地，城市规模不断扩大，城镇数量不断增加，这对政府的城市空间规划能力提出了较高的要求。但长期以来，我国城市发展处于"放任自流"状态，城市规划特别是城市空间规划与城市发展不相匹配，出现了很多问题。

首先，以行政命令代替市场决定，盲目建设新城新区。在城镇化浪潮中，政府的行政命令往往替代市场的选择，城市新区往往代表了政府意志，并且成为政绩工程和形象工程。新城新区数量过多，标准过高，远超实际需要和政府财力。据统计，我国规划建设的县以上新城区达 3500 个，可容纳 34 亿人口③，这远远超过我国人口总量，造成空间资源和社会财富的巨大浪费。城镇化"异化"为房地产化，沦为地方政府"敛财"的工具，土地财政是重要手段。地方政府热衷于通过卖地获取城市建设和政绩积累的资本，为了获取更多的经济发展和政绩累积的财政资金，地方政府往往过于看重农民手上的土地，看中有多少土地可以进行城市规模扩大和新城建设，而对失地农民的保障问题和进城农民工的就业、养老、医疗等却缺少必要的关注。大批城市新区的建设不但没有给人民带来更多的获得感、幸福感和安全感，反而造成政府的财政入不敷出。这主要是由城市空

---

①② 刘士林. 中国城市规划的空间问题与空间正义问题［J］. 中国图书评论，2016（4）：29 – 33.

③ 乌梦达，董建国，徐海涛. 规划 3500 个新城容纳 34 亿人口，谁来住？［N］. 北京青年报，2016 – 07 – 15（A07）.

间规划缺失导致的，也是对城市空间的巨大浪费。

其次，城市空间规划职能的缺失破坏了城市的总体布局。城市建设既包括新城建设，也包括旧城改造。旧城改造就是对旧建筑的提质增效、对落后设施的改造升级、对历史性建筑的深层保护等，在这一过程中要保持建筑的原有风格和特色，同时还要赋予建筑新的时代气质。但在实际操作中，旧城改造的民生目的往往让步于经济目的，城市建筑的"石头史书"功能被忽略是常有的事，"城市的自然和文化个性被破坏"①，"建筑性破坏"成为旧城改造的常态，城市的个性与气质逐步消失，"千城一面"成为城市的新个性。

最后，城市空间规划职能的缺失导致城镇化异化为房地产化，最终落入"大拆大建"的窠臼。"大拆大建"在一定程度上推进了城市发展进程，但"大拆大建"并不符合城镇化的本义，城镇化就是为了让更多人公平分享城市发展成果，"大拆大建"只能造成城市格局的破坏、城市特色的消失、城市内涵的消亡。当前，我国城镇化建设处于提质增效的关键节点上，"大拆大建"与我国城市发展总体规划不相符，迫切需要作出改变，打造和谐宜居、富有活力、各具特色的现代化城市。② 个别地方为追求经济利益最大化，将原有的商业景点人为扩大，拆除旧景点，建设新景点，破坏性开发现象较为严重，大批文化名街、名镇等文化建筑资源遭到人为破坏，城市原有的风格风貌、文化传承、风土人情等在"大拆大建""拆毁重建"过程中消失殆尽。③

（四）城市治理法律法规不健全

党的十八届四中全会指出，依法治国是治国理政的基本方略，是实现国家治理体系和治理能力现代化的必然要求。④ 城市治理是治国理政的重

① 国家新型城镇化规划（2014－2020 年）［M］. 北京：人民出版社，2014：11.
② 中共中央国务院 关于进一步加强城市规划建设管理工作的若干意见［N］. 人民日报，2016－2－6（006）.
③ 尚海永，王丹阳. 新型城镇化发展中城市文化的保护与传承［N］. 光明日报，2014－1－4（010）.
④ 中共中央关于全面推进依法治国若干重大问题的决定［N］. 人民日报，2014－10－29（001）.

要阵地，依法推进城市治理是新时代的客观要求，是满足人民美好城市生活愿景的必然选择。但是，同人民对美好生活的期望相比，我国城市治理的法律法规还有很多不适应、不匹配的地方。立法程序不够严谨科学，有的法律法规体现了部门利益和团体利益，但没有反映人民群众的利益诉求；有的没有充分调研，"拍脑袋决策"，因而违背客观规律，实际运作中缺乏针对性，可操作性不强；有的以政府红头文件代替市政法规，把作为城市运转指针的法律法规束之高阁，却将原本处于补充地位的行政文件作为治理依据，导致城市治理的权威性、约束性、透明度、稳定性没有保障等。

法律是治国之重器，良法是善治之前提①。依法进行城市治理是国家治理领域重大变革的重要组成部分。然而，城市治理可依靠的法律法规不健全也是各类"城市病"产生的重要原因。首先，城市治理的"有法可依"任重道远，关于城市治理的法律、法规、法条、规章、制度等还不完善，很多领域处于无法可依的境地，依法治理能力得不到有效保障，以管理者个人或集体意愿治理城市的情况较多。在某些领域，甚至存在着不同条款的冲突与掣肘，降低了城市治理效率。其次，城市治理的法律法规过于宏观，缺乏实践指导作用。某些法律法规制定得较为空泛，只提到了大的原则和方向，具体如何去做并没有说明，治理者不知何去何从；有的条款制定得又过于微观，与城市管理条例相似，混淆了城市治理与城市管理的界限，治理者难以作出判断，不知事项归属。最后，条块分割制度下，城市治理存在着职能交叉和职能缺位的情况。有的事项可能会有几个不同部门同时着手参与，出现角色冲突和职能交叠，造成人力资源浪费；有的事项职能部门可能会觉得都归其他部门管辖，从而出现城市治理中"真空"地带，造成有事没人管的结果。不管是职能"交叠"还是职能"轮空"，都反映出城市治理的低效和失范。

（五）城市治理参与主体单一

政府、社会组织和民众，共同构成了"三位一体"的城市治理多元参

---

① 中共中央关于全面推进依法治国若干重大问题的决定［N］. 人民日报，2014－10－29（001）.

与主体，受历史因素影响，我国以政府为主体的单一治理模式并未根本改变。城市多元治理是现代城市治理的基本要求，也是发达国家城市治理的重要经验。① 政府单一治理模式显然不能适应现代城市的发展要求，也难以满足人民群众的利益诉求。在城市治理体系中，政府居于主导地位，拥有不容置疑的排他权力，其他社会组织的主观能动性和职能难以发挥，它们参与城市治理和社会治理的积极性和热情不高；城市居民参与城市治理的机会不多、渠道不畅，形式单一、作用有限，许多城市的听证会、座谈会、社会调研等甚至沦为走过场，仅仅作为决策过程中的一个流程而存在。社会组织和民众参与度不高使得政府在城市治理中拥有绝对决策权，单一决策容易导致城市发展偏离民主、法治等现代城市价值，从而产生一系列城市问题。

除去城市治理和城市决策由政府主导的因素外，社会组织和民众的个体因素也是城市治理主体单一化的重要原因。社会组织介于政府和民众之间，是以实现公共利益为目标的有严格规制的非营利性机构，俗称"第三部门""非营利性机构""非政府组织"②。关注领域主要集中在社会服务领域，发挥作用有限，再加上政府的严格管理和可利用资源的相对不足，社会组织的发展空间比较有限，敏感领域几乎都进驻了政府组织。严格管理与管控虽然减少了意外的发生，但也很大程度限制了社会组织的成长。人民群众参与城市治理的意愿不高，热情不够。一方面，相当一部分民众对自己城市治理主人翁的地位浑然不知，对政府主导的听证会、问询会、调研活动等漠不关心，从不主动参与，即便问到了他们也是不以为意，自己主动放弃了参与权，成为城市治理的旁观者。另一方面，能源资源使用依然存在浪费现象。大排量汽车依然是很多家庭的首选。综合来看，社会组织和民众由于自身发育不成熟，使得他们在城市治理中的参与度大打折扣。

---

① 孙涛. 美国推进城市治理现代化的经验及其中国借鉴 [J]. 理论导刊，2018 (4)：42 - 47.

② 赵成福. 公民政治参与：体制迟钝与体制吸纳 [J]. 河南师范大学学报（哲学社会科学版），2009 (3)：40 - 43.

四、城乡二元结构的长期存在与农村人口的周期性流动

我国农民工大多是单身进城打工，挣钱养活乡下家小，这种"藕不断，丝还连"的现象成为中国工业化和城镇化的突出特色。[①] 大量人口周期性城乡双向流动是中国社会的一大景观。2018 年，我国外出农民工有1.73 亿人[②]，他们是我国社会最大的流动群体，从人口规模来看，相当于一个大型国家在不断地漂移。中国农民进城是为了更高的收入和更好的机会，与拉美国家为了生存进城的目的迥异。[③] 在我国，农民进城失败后还可以返回农村，农村土地客观上承担了"蓄水池"功能，这也是中国城镇化进程中没有形成"贫民窟"的重要原因。但由于城市基础设施和公共服务都是以户籍城市人口为依据提供的，城乡二元结构长期存在并持续产生影响。所以，大量农业转移人口同时进入城市会给城市基础设施、公共服务以及资源环境带来灾难性破坏，引发各种各样的问题，"城市病"的爆发不可避免。

（一）结构失衡导致农民工过度流动

马克思指出，个人利益是人们为之奋斗的原始动因[④]。城镇化进程中，人们选择在农村还是在城市生活和工作，都是由其背后利益推动的。影响农民进城的因素很多，最根本的有两点：一是进城的成本，二是进城的预期收益。成本大于预期收益，农民选择不流动；成本小于预期收益，农民可能选择流动，也可能选择不流动；农民进城后发现预期收益难以实现，他会选择回到农村。不管进城与否，他们都是在综合平衡各项利益后才作出自己的理性选择：条件具备时追求利益最大化，条件不具备时追求利益

① 费孝通. 小城镇四记 [M]. 北京：新华出版社，1985：60.
② 中华人民共和国国家统计局. 中华人民共和国 2018 年国民经济和社会发展统计公报 [N]. 人民日报，2019 - 03 - 01 (010).
③ 魏杰. 中国城镇化如何才能破题——评赵俊超《城镇化：改革的突破口》[N]. 光明日报，2015 - 06 - 23 (10).
④ 马克思恩格斯全集（第一卷）[M]. 北京：人民出版社，1956：82.

的适度化。① 这是人口流动的一般规律。但在我国城镇化进程中，除了少数农村籍学生通过升学或者考公务员等进入城镇外，大部分表现为被征地以后政府安置的被动接受的结果，以及大量农业转移人口主动进城务工经商却由于户籍制度的限制不能享受城镇的基本公共服务的"半城镇化"状态。

　　长期以来，我国实行的是以城市为中心的发展战略，将社会主要资源用于工业化和城镇化，这导致农村农业发展远远滞后于城市工业发展，城市居民与农村居民之间的收入差距和文明程度也逐渐拉大。一方面，城市居民与农村居民收入差距逐渐拉大。以近年数据为例：2017 年城市居民人均可支配收入为 36396.2 元，农村居民人均可支配收入为 13432.4 元，城乡居民收入差距为 22963.8 元；2020 年，我国城镇居民人均可支配收入为 43833.8 元，农村居民人均可支配收入为 17131.5 元，城乡居民收入差距为 26702.3 元。② 由此可见，近几年来，我国城乡居民收入差距的绝对值较大，而且呈现出逐年扩大的趋势。收入差距的失衡使得农村中有一技之长的人进入城市，谋求更高的收入和更多的发展机会。但是，户籍制度的存在使得他们在城市难以享受平等的待遇，他们在城市的安全感不足和认同感较弱，始终是城市的"过客"和"看客"。另一方面，城乡居民之间的文明程度有很大差别。农村生活是以"礼俗"和农耕文明为基础的，城市生活是以"法理"和工业文明为前提的。城市往往以憎恶和蔑视的态度针对农村的生活方式和社会秩序，③ 农业转移人口来到城市后，首先面临的就是这种生活方式和秩序不同带来的种种不适应，农业转移人口能否抛却农村的礼俗习惯而适应城市的法理秩序是其能否融入城市的关键。对于大部分农业转移人口来说，他们向往城市的高收入，但在现有条件下又难以实现城市的融入。因此，他们只能选择周期性的城乡流动。农业转移人口普遍具有"外来者"心态，他们只把城市当作工作之地，而非生活家

　　① 辜胜阻. 非农化与城镇化研究 [M]. 杭州：浙江人民出版社，1991：88.
　　② 中国统计年鉴 2021 [M]. 北京：中国统计出版社，2021：187.
　　③ 斐迪南·滕尼斯. 共同体与社会 [M]. 林荣远，译. 北京：商务印书馆，1999：330.

园。一旦在城市生活有困难就可以回到农村去，农村土地对他们具有生活保障作用。即便对于那些在城市有稳定、体面工作的农民工来说，土地对他们依然具有心理慰藉作用，他们在城市挣钱以后往往回家"买房置地"，农村仍然是他们的精神家园。在这个意义上看，农村在现代化进程中承担着"稳定器"与"蓄水池"的角色①，对以较低成本推进我国现代化和城镇化快速发展起着至关重要的作用。

（二）新生代农民工融入城市难

在不同时期，由于经济发展水平和国家政策的不同，进城农民融入城市的程度和花费的时间也不相同。改革开放前，我国城乡经济发展差距不大，都处于整体落后状态，这时的城市文明与乡村文明并无太大差异，再加上实行了严格控制人口流动的政策，进入城市的人较少。一些进入城市的幸运儿能很快融入城市，成为城里人。这一阶段，人口城镇化等同于人的城镇化。② 改革开放以来，随着政策松绑和城市经济发展，大量农业转移人口开始进入城市，成为新的特殊的产业工人。他们是"农业户口 + 产业工作"的全新组合，尽管受到不公平待遇，但由于城市收入远高于农村，他们还是义无反顾地选择进城打工。随着时间推移，新生代农民工逐步崛起并日益成为中坚力量。2017 年，新生代农民工数量首次超过老一代农民工，占全部农民工总量的 50.5%，成为农民工的主体。③ 新生代农民工已经长期工作、生活在城市，有的甚至从小就随父母在城市长大，很多都接受过中高等教育。他们很早就适应了城市的生活方式、习惯了城市生活的节奏，他们的消费习惯和休闲爱好与城里人并无不同。事实上，城市生活方式的形成在很大程度上促进了新生代农民工对城市的认同与渴望，38%的进城农民工认同自己城市"本地人"的身份④。他们对城市生

---

① 霍文琦."人的城镇化"才是可持续的城镇化［N］. 中国社会科学报，2014－5－23（A06）.

② 焦晓云. 当代中国人的城镇化研究［M］. 长春：吉林大学出版社，2018：29.

③④ 中华人民共和国国家统计局. 2017 年全国农民工监测调查报告［N］. 中国信息报，2018－4－28.

活特别是大城市的生活充满向往，他们渴望融入城市，渴望在自己早已熟悉的城市安居乐业并享受市民的福利待遇。在全面深化改革进程中，我国经济体制发生了重大变化，但以户籍制度为核心的城乡二元结构并没有从根本上废除，城乡壁垒依然存在，依然是横亘在无数心怀城市梦想的年轻人面前的巨大沟壑。

影响农业转移人口融入城市的因素很多，最重要的就是城市的高房价和社会保障的不到位。首先，城市的高房价远远超过人们的购买能力。农民工不但买不起房，甚至在城市核心地区租房都成问题。安居才能乐业，城市住房也阻碍了部分想要到城市生活却又难以支付高额房价的农民工。其次，城乡社会保障转接制度缺位。农民在农村参加的"新农合""新农保"等远远低于城市的社保水平，与此同时，我国目前并没有形成完备的城乡社保衔接机制，有些省份的农民到城市打工以后，其在农村缴纳的社保并不能随之转移到城市，他们在城市生病后完全是自费医疗，享受不到城市平等的公共服务，这也是阻碍农民流动特别是农民工融入城市的重要因素。再其次，子女就学难。由于户口限制，农民工子女很难随父母到城市入学，到优质的学校更是难上加难，通常是父母在城市工作，孩子留给爷爷奶奶照看上学，这成为农民工进城的重要障碍。最后，农民进城以后，他们留在农村的资产很难给他们带来退出收益，他们进城后面对高额的消费却不能实现"带资进城"，显然不符合他们的利益，也不利于他们融入城市。农业转移人口进城以后难以融入城市成为影响我国城镇化质量的最大瓶颈。有学者预测，农民工的城市公平问题将成为影响未来我国社会和谐的最大变数。[①]

五、"城市病"与"农村病"的彼此勾连与相互强化

城市是人类最伟大的发明，是人们共同居住群体生活的最高形态[②]。

---

① 焦晓云，王金. 农民工"半城镇化"现象的本质向度及其生成机理 [J]. 税务与经济，2017（6）：20－24.

② 斐迪南·滕尼斯. 共同体与社会 [M]. 林荣远，译. 北京：商务印书馆，1999：333.

改革开放以来我国逐渐加快了城镇化步伐,大量农业人口向城市迁移,推动了城市经济社会发展的同时,也给城市带来了交通拥堵、人口膨胀、环境恶化、资源紧缺等各类"城市病"。由于大量农业人口离开农村,农业文明滋养下传承千年的农村日益衰败,一些农村呈现出凋敝、没落的"病灶",往日农村欣欣向荣充满朝气和希望的景象不见了,取而代之的是"衰败"状态,这就是"农村病"。长期以来,人们对"城市病"关注度很高,而对"农村病"则缺乏必要的理性认识,这使得对"城市病"的治理存在着头疼医头脚疼医脚的单向度思维,最后效果并不好。事实上,"农村病"是随着城镇化的快速发展出现的,与"城市病"相伴相生,它们互为因果、互相影响、互相强化①。在某种意义上说,"城市病"源于"农村病"。正是因为"农村病"的广泛存在,大量农业转移人口才会纷纷离开农村进入城市,给城市带来巨大压力,引发并强化了"城市病";与此同时,城市诸多限制和诸多问题的存在,使得广大农业转移人口很难在城市安居乐业,他们常常心心念念他们在农村的宅基地和耕地,这是他们在城市打拼的最后保障。可知,"城市病"和"农村病"是一个相互强化的过程,它们互为因果,相互影响。当前,如果不将"城市病"和"农村病"放在一起统筹考虑,那么很难取得根本性的成果。

"农村病"主要表现为农村的空心化、老弱化、贫困化以及非现代化。首先,农村空心化问题较为严重。农村青壮年劳动力纷纷进城,农村土地由老人耕种。据调查,留守农村的种田者平均年龄在 57 岁以上,他们主要依靠传统经验和技术在农地劳作,现代技术和现代设备在农村并没有普遍推广,农业现代化推进缓慢。② 同时,农村中还保留着广泛建房盖屋的传统,虽然没人居住,但修建了很多新房屋,"建新不拆旧",造成农村建筑规模大但内心空泛化的现状。2012 年,中国社科院农村所专家在河北、

---

① 张桂文. 中国城镇化进程中"农村病"和"城市病"及其治理 [J]. 辽宁大学学报(哲学社会科学版),2014(3):18-24.

② 郑风田. "人的新农村"如何提升 [J]. 中国畜牧业,2015(4):23.

湖北、山西、广东、河南、宁夏等地广泛调研后估算，中国农村空置土地的面积超过 1 亿亩，相当于中国耕地面积的 5. 56%。① 其次，农村老弱化问题严重。青壮年劳动力进城打工，留守老人、留守妇女、留守儿童成为农村的主要组成力量，农村人口呈老弱化倾向。据世界银行调查，我国以家庭为单位向城市转移的只有 1/5 左右，其余都是部分家庭成员进城打工，其配偶和子女以及老人只能留在家中，这直接导致了我国农村中留守老人 5000 万、留守妇女 5000 万、留守儿童 6000 万的残酷现状，给农村发展和农村安全稳定带来重大挑战。② 再其次，农村整体呈贫困化发展趋势。农村劳动力的老弱化使得农地耕种更加传统和保守，先进技术和现代机械难以推广，农业劳动生产效率低下；同时，在以城市为中心的发展战略影响下，农业生产的效益不断下降，除去种子、化肥等生产资料开销外，农民所剩无几，有的地方甚至出现农地撂荒现象，农村贫困化问题较为严重。最后，农村的非现代化问题。农村现代化是中国现代化的重要组成部分，没有农村现代化就没有中国的现代化。③ 农村闭塞的环境使得农民相对比较保守，相较于新技术，他们更倾向于使用自己熟悉熟知的传统手段，这就使得很多现代化设备难以推广。再加上农村基础设施陈旧落后，农村的教育水平和教育条件与城市相去甚远等原因的影响，农村的现代化任重道远。

① 张桂文. 中国城镇化进程中"农村病"和"城市病"及其治理 [J]. 辽宁大学学报（哲学社会科学版），2014（3）：18 - 24.

② 辜胜阻. 当前的城镇化应实现六大转型 [J]. 河南社会科学，2016（9）：6 - 7.

③ 习近平. 决胜全面建成小康社会 夺取新时代中国特色社会主义伟大胜利——在中国共产党第十九次全国代表大会上的报告 [N]. 人民日报，2017 - 10 - 28（001）.

第四章

国内外治理"城市病"经验与启示

英国是世界上第一个开始并完成城市化的国家，也是"城市病"先后两次爆发并得以有效治理的国家；日本二战后用了 30 年的时间就实现了高度的城市化，属于高度时空浓缩型的城市化道路。两个国家的实践对中国具有较强的借鉴意义。北京作为我国的首都和城镇化发展速度快、城镇化程度高的一线超大城市，近年来在治理人口膨胀、交通拥堵、空气污染等问题上已经取得了阶段性成效；杭州作为我国南方二线特大城市代表，近年来在城市系统规划、基础设施建设、综合治理、生态保护、城中村整治等多个方面系统发力，治理"城市病"方面也有明显的成效。虽然每个国家和地区经济水平、人口政策以及城市发展导向等方面有所差异，农业人口迁移政策也不同，但它们都为解决各类城市问题做了积极努力，并取得一定成果，总结这些经验，对推进我国"城市病"治理和新型城镇化建设有重要的借鉴意义。

第一节　近代"城市病"的首次爆发和治理——英国的经验与启示

作为工业革命的策源地，英国从 18 世纪到 19 世纪后期一直处于综合实力全球领先的地位。它是第一个实现工业化和城市化的国家，也是迄今为止城市化程度高、最为成熟的国家之一。英国的城市化进程具有原创意义，它的许多创新对全世界的城市化具有示范和带动作用。它最早制定了《城市规划法》，最早倡导并建立了"田园城市"，第一个建立了"卫星城"，最早实行了城市社会保障体系，最早实现了郊区城市化。①

近代英国的城市化大体经历三个时期：一是初步实现城市化时期，城市化率从 1750 年 17% 上升到 1851 年的 54%，用时约 100 年；② 二是实现高度城市化时期，从 19 世纪中叶到 1901 年，城市化率从 54% 提高到 77%；③ 三是城市化继续完善和发展，20 世纪以来到现在。

英国工业革命以后的"城市病"治理也大致经历了两个时期：第一个时期是工业化时期，从 19 世纪 30 年代开始到 19 世纪末 20 世纪初；第二个时期是后工业化时期，从二战以后到现在。经过两个阶段的努力，现在的英国终于实现了"城市病"的康复，首都伦敦还摘掉了"雾都"的帽子，变成空气清洁、生态宜居的世界绿都。④

一、英国工业化时期治理"城市病"的经验

英国城市化从 17 世纪开始起步，进程平缓，城市化初期通过"羊吃人"的圈地运动使农民向非农人口转移，后又通过殖民主义不断拓展海外市场为城市化不断增添动力，工业革命开始后，在工业化的带动下，城市化加速推进。由于英国政府采用的是自由放任的经济政策，大量人口涌入

---

① 纪晓岚. 英国城市化历史过程分析与启示 [J]. 华东理工大学学报（社科版），2004 (2)：97 - 101.

② 胡光明. 城市史研究（第 2 辑）[M]. 天津：天津教育出版社，1990：5.

③ 主要资本主义国家经济统计集（1848 ~ 1960）[M]. 北京：世界知识出版社，1962.

④ 陆小成. 伦敦城市雾霾治理的阶段、经验及对北京的启示 [J]. 唐山学院学报，2017 (5)：40 - 44.

城市没有有效的管理而导致了世界上最早的"迈达斯灾难"①。

（一）英国工业化时期的"城市病"

英国的工业化时期，由于人口在短期内的大量涌入和集聚，使得原本有限的城市资源快速紧张起来。城市人口的急剧膨胀和城市资源的有限供应之间的矛盾日渐加剧，由此造成的"城市病"日益显现，主要表现在以下四个方面。一是住房短缺，大量工人的工作和居住条件极差，贫民窟大量存在。恩格斯在《英国工人阶级状况》中对伦敦东区的贫民窟作过细致的描述，例如，1400幢房子住着2795个家庭，约12000人，每套10～12英尺的房子往往是一对夫妻和四五个孩子，甚至还有祖父和祖母，这就是他们工作、吃饭、睡觉的地方。② 在工业城市曼彻斯特，大量的工人都住在地下室。二是污染严重，城市环境脏乱差。当时英国的空气污染主要有煤烟污染、化学气体污染和恶臭污染，水污染也十分严重，近1/3的居民区都没有安装任何排水管道，城市到处是粪便和垃圾。三是传染性疾病高发，死亡率很高。英国19世纪城市人口死亡的疾病如霍乱、伤寒、猩红热等传染病流行，1831年，英国首次爆发了霍乱传染病，有2.2万人死亡；1848年，霍乱爆发导致7.2万人死亡。③ 四是治安混乱，道德沦丧，犯罪率高。伴随城市人口迅速聚集的还有日益增高的犯罪率，大量没有目标、没有工作、游手好闲的人游荡在街头，给城市治安带来严峻挑战。特别是贫民阶层集中的居住区犯罪率高得惊人。

（二）英国工业化时期"城市病"的治理

"三位英雄"为当时的"城市病"治理立下了不朽功劳，并为世界治理"城市病"提供了重要借鉴。一是空想社会主义者罗伯特·欧文，他设计的城乡优势兼有的理想城市，以及开展的"新和谐村"试验，对英国、

---

① 迈达斯是古希腊神话中的佛里几亚国王，他请求酒神狄奥尼索斯赐给他点物成金的力量，狄奥尼索斯满足了他。于是他所接触的每件东西都变成了黄金，连吃的和喝的也不例外，他只好再求神解除这种法术。英国经济史学家哈孟德夫妇用"迈达斯灾祸"来形容英国工业革命之后的那段历史。

② 马克思恩格斯全集（第2卷）[M]. 北京：人民出版社，1957：309.

③ 李宏图. 英国工业革命时期的环境污染和治理 [J]. 探索与争鸣，2009（2）：60-64.

欧美国家产生了广泛影响；二是终身致力于城市化的社会改革家埃德温·查德威克，他是完善济贫法、供水排水、公共卫生、学校建设等计划的倡导者；三是埃比尼泽·霍华德，他因提出了花园城市理论引发了英国城市规划运动的兴起，他的城市规划理念影响了当时整个英国的城市发展规划，也影响了当时乃至后来世界城市的发展规划。

这一时期英国治理"城市病"主要从三个方面展开。

一是政府从"无为"到"有为"。在英国工业化时期，采用的是放任的自由资本主义，市场自发地推进城市化，资本的逐利本质让市场失灵。以欧文、查德威克和霍华德三位来自社会的力量与市场不断抗争，唤醒了民众，也让英国政府迫于压力，开始逐渐承担起城市及"城市病"治理的责任。

英国政府主要采取了以下措施。首先是注重立法，通过法律明确中央政府、地方政府、工厂企业在公共设施改造、公共事务管理、公共财政支出、劳动者保护等方面的责任。1855 年英国颁布了《消除污害法案》和《首都管理法案》，成立了首都公务委员会，负责监督和管理全国的住房、供水和排水系统，依次建立了全国最大的排水系统，解决了排污问题，泰晤士河此时得以有效治理；1866 年英国颁布的《卫生法》明确规定了政府在公共卫生服务方面的职责，如政府要负责清洁的饮用水的提供、垃圾清运和排污设施建设等责任；1855 年伦敦开始依法设立卫生监督警察制度，并得到全国其他地方的仿效；1890 年英国通过的《工人阶级住房法》要求地方政府要担负起改善不符合卫生条件的居住区生活环境的责任，等等。其次是设置专门的城市管理和服务的部门。1835 年，英国议会通过了《市政机关法》，国家和地方政府设置专门的扶贫济困机构，设立卫生局、教育部、铁道部等城市管理和服务的工作事务部门，还设置了工厂视察员办公室，加强对工厂的巡视巡查。除了政府设置专门的职能部门，议会也进行了改革，设置了专门的经济、文化、社会等特别委员会，这样政府的管理职能就渗透到了社会生活各个方面。最后，政府主动提供公共事务服务。政府积极落实法律规定的各项责任，中央政府发挥指导监督作用，地方政府履行好诸如公共设施建设，治安管理，公共住房建设，城市卫生、食品、排污等具体责任，为加强对法律执行情况的监督，还设立专门的监督机构。英国议会在 1848 年通过了《公共卫生法》，政府依法设立了中央和地方的卫生局，政府开始更多地干预城市的公共事务；1829 年、1856 年又分别制定了《都市警察法》《市镇警察法》，建立了负责治安管理的专业警察制度，为维护社会治安提供了强有力的国家机器。

二是依法治理。无论是环境卫生保护，还是贫民窟清理、住房改造和社会治安的维护，英国政府都通过立法和监督来保障。从 19 世纪二三十年代到 19 世纪末，英国议会通过了大量的法案治理"城市病"。在工厂立法方面，1833 年议会通过了《工厂法》，1880 年还通过了《雇主责任法》，规定了工人尤其是童工的周工作时间，工厂要履行对童工教育的职责等。在公共环境和卫生方面，英国开创了用法律手段治理公共卫生的先河。1843～1906 年，先后三次颁布和修订《碱业法》，对制碱企业的排放有害气体作出法律规定；1847 年通过《河道法令》，后来英国又通过了《消除污害法》《河流污染防治条例》等法令，以解决各种水污染问题。在住房方面，1844 年通过了《都市建筑法》，1875 年、1882 年、1885 年和 1900 年，英国议会先后四次修订《工人阶级住房法》，对房屋的建设标准进行规范。

三是注重劳工保护，精准施策。工业革命时期的"城市病"突出表现在工人住房、环境卫生、社会治安等方面，而处于社会底层的工人是最直接的受害者，改变他们在城市的生存、生活和工作条件是重要的工作任务。在改造贫民窟，改善工人住房方面，《都市建筑法》规定了住房面积、墙壁厚度、街道宽度等基本标准，确保了工人住房的质量。1868 年和1875 年，英国两次颁布《工人住宅法》授权首都公务委员会改造和清除贫民窟，要求政府为工人提供廉价住房以及为工人提供租房、买房贷款。利物浦先后于 1840 年和 1842 年颁布了《关于整理利物浦房屋建筑条例》《利物浦建筑法》，对房屋的面积，入住的人口数量以及卫生设施都有非常明确具体的规定。在加强劳动保护，改善工作环境方面，1833 年通过的

115

《工厂法》设置了工厂视察员制度，后来也明确了对工人安全生产的法律义务，法律还重视对女工的保护。在改善公共卫生和公共环境方面，英国1875年通过了《公共卫生法》，包括垃圾清理、污染行业的管理、疾病预防、街道房屋管理、食品卫生监督等内容，并明文规定了地方政府在公共卫生、居民健康、修排污设施，对食物、饮用水、医院进行检查和督查的职责，以保护劳工。①

通过积极治理，这一时期的城市基础设施得到了整体性的改善和提高。工人居住条件得以大幅改善，生活条件、生活环境都有了明显的改变，社会治安逐步转好，城市环境卫生、空气质量、交通条件均得以改善，"城市病"恢复明显。

二、英国后工业化时期治理"城市病"的经验

进入20世纪，英国进入"后工业化时期"，由于受两次世界大战等因素的影响，英国城市化进程在20世纪上半叶基本没什么变化，城市化率保持在78%左右，1901年为77%，1931年为77.9%，1951年为78.9%，1960年为78.4%，1970年为77.1%，50多年只提高了1.9%。这一时期"城市病"表现并不明显。②

（一）英国后工业化时期的"城市病"

二战以后，为了快速恢复国家的经济，英国的工业开始快速发展，由于此时重工业发展需要的劳动力增加不多，英国的城市人口并没有大幅增加，直到1975年后，城市人口才又进入上升通道，城市化率从1975年的82.7%提高到2005年的89.7%。③由于工业化的再推进，家庭轿车的普及，政党政治的纷争，经济的衰退，财政的困难，城市自身发展的阶段性

---

① 李宏图. 英国工业革命时期的环境污染和治理 [J]. 探索与争鸣，2009 (2)：60－64.
②③ 简新华，何志扬，黄锟. 中国城镇化与特色城镇化道路 [M]. 济南：山东人民出版社，2010：95.

演进等经济、政治和城市自身发展等多种原因,英国 "城市病" 再度出现,交通拥堵、空气污染、内城环境恶化等问题突出。空气污染方面,最典型的例子是,由于工业用煤和生活用煤,整个伦敦烟囱林立,浓烟滚滚,致使 1952 年 12 月 5～8 日爆发了著名的 "伦敦烟雾事件",伦敦连续多日大雾,雾气中含有大量的硫化物和粉尘,空气中到处弥漫着刺鼻的气味,短短 4 天时间死亡人数超过 4000 多人,两个月后,又有 8000 多人陆续丧生,由于毒雾的影响,很多公共交通停运,影剧院和体育场馆都关门停业。[①] 20 世纪 80 年代末 90 年代初由于家庭汽车的快速发展,交通污染取代了工业污染成为城市空气质量的第一威胁,汽车的排放物如氮氧化物、一氧化碳、不稳定的有机化合物等在阳光的紫外线下会产生复杂的化学反应,产生以臭氧为主的多次二次污染物,产生了后来的 "光化学烟雾" 事件。

(二) 英国后工业化时期 "城市病" 的治理

经历了血的代价和惨痛的教训,加上工业化时期治理 "城市病" 的经验积累,英国采用多种手段和措施齐抓共管,通过半个多世纪的系统治理,英国 "城市病" 再次得到有效治理。后工业化时期英国治理 "城市病" 的举措主要有以下几点。

一是规划引领治理。霍华德花园城市理论产生于工业化时期,引发了英国城市规划运动的兴起,他的理念被实践和创新在战后体现尤为明显。而且,英国延续了传统,就是将规划上升到法律层面,一旦法律通过,就严格按照法律规定实施。英国在 1947 年就颁布了《城市规划法》,是最早进行城市规划立法的国家,该法具有纲领性和强制性特征,违法开发和建设将会受到法律的制裁。[②] 尽管各届中央政府对伦敦的发展思路不尽相同,管理机构也多次调整,但规划的整体空间结构基本保持不变。《绿地法》《公共卫生法》《工厂法》《新城法》等构成了依法治理伦敦的基

---

① 唐佑安. 伦敦治理 "雾都" 的启示 [N]. 法制日报,2013-1-30 (010).
② 毕娟,马爱民. "城市病" 治理国际经验借鉴 [J]. 美与时代,2018 (4):123.

础，将政府行为和规划落实都纳入法治轨道，大大增强了规划的实施效力。① 各个地方政府也高度重视规划的执行，克服随意性，避免了"摊大饼"式的无序扩张，规划的调整也有较为严格的程序，注重吸收社会的广泛参与。

二是建新城疏解。鉴于 20 世纪突出的城市问题，面对交通拥挤、住房狭窄、生态恶化等问题，人们开始向往田园般的生活，但在郊区上班通勤时间长，而居住地没有相应的配套设施，在社会各界的呼吁和巴洛委员会的努力下，开始了英国的新城运动，即发展大城市周边的"卫星城"进行疏解。英国的新城运动经历了三个时期，产生了三代新城。第一次世界大战前，是第一代，只有几万人口，如伦敦的韦林花园城；二代新城有十几万人口，如哈罗新城；第三代新城距离中心城市较远，人口规模有几十万人。事实证明，第三代新城才真正起到了疏解大城市人口的功能。伦敦新城建设有很多宝贵的经验，除了人口规模，还要和中心城区保持一定的距离，新城建设也要有法律和政策的保障。②除此之外，英国还建立了绿带（green belt）政策，就是在城乡边缘寻求控制城市规模和容量的一个绿化带，以控制城乡的无序发展。最后，英国还注重大力发展城际铁路、地铁以及高速公路和自行车道等复合多元的交通基础设施，实现中心城市与周边新城的互联互通。除此之外，英国还通过公共服务的均等化，来确保新城的居民能享受到和中心城市同等的教育、医疗等公共服务，以减少跨距离的人口流动。政府还主动把一些公共事务部门迁到大城市以外，以分散人流，减少交通压力。例如，20 世纪 60 年代，英国新设立的车辆及运营商管理局、驾驶员和车辆管理局等放在伦敦以外。20 世纪末，英国中央政府机构也开始陆续地迁离首都，地方政府机构开始有序地迁离市区，大企业的总部开始落户小城镇等。

三是产业转型引导。首先，通过调整产业布局，根据每个城市的产业

---

①② 张军扩等．战后伦敦治理"大城市病"的经验启示［N］．中国经济时报，2016－08－18（005）.

空间特点和城市功能定位，进行产业空间的合理布局，如伦敦就实现了"城市中心、内城区、郊外新兴商务区"的多极化、功能化调整①，通过每个功能区的不同定位来安排产业，引导人口的合理流动；其次，把中心城市的工业企业外迁，让外迁企业入驻新城，这样新城的产业各具特色，既满足了居民的生活需要，也满足工作需要，还减少了通勤时间，减轻了交通压力；最后是发展新兴产业，避免中心城市因制造业衰落而出现城市的"空心化"。英国高度重视从战略层面加强创新引导，如伦敦出台的《伦敦知识战略与行动计划》就提出要建成"世界领先的知识经济"，还出台税收减免政策鼓励企业加大研发力度，以激发市场创新活力，同时也依靠行业规则创新以及功能创新确保其在金融业等行业的优势地位，并大力鼓励和推动文化创意产业等新兴产业的发展。

四是城乡统筹治理。英国在资本主义工业快速发展的同时，城乡出现较为严重的贫富两极分化，城乡矛盾、工农矛盾不断加剧，由于农村人口的大量流失，农村的问题也十分突出。英国在新城建设疏导人口的过程中重视对农村问题的解决，通过建设农村"中心村"，统筹治理"城市病"和"农村病"，实现了城乡一体化发展。主要做法有三点。一是从政府层面统筹城乡一体化建设。② 1947 年英国通过了世界上第一部城乡统筹建设规划，该规划将城市与乡村统一布局、统一空间规划，把农村建设发展的总体内容纳入总体规划。二是通过加强法律和制度建设，实施对农田以及农村原有生态的保护，确保生产建设不对环境和生态造成影响和破坏，实现对农田和农村文化的保护。三是重视城乡公共服务的均等化，不断增加对农村基础设施建设投入，给予农民和家庭农场以税收和保险等方面的减免和保障，甚至是通过直接的农业专项补贴等方式，努力促使城市和农村的经济社会建设均衡发展，也保护了农村良好的生态环境。

---

① 毕娟，马爱民．"城市病"治理国际经验借鉴［J］．美与时代，2018（4）：123.
② 薛苏明，夏永祥．发达国家城乡一体化发展之"镜"与"径"［J］．北方论丛，2017（6）：133－137.

三、英国治理"城市病"的启示

作为最早实现城市化的英国，经过两个多世纪的工业化，实现了现代化。在这一过程中先后两次集中爆发了"城市病"，虽然表现不尽相同，但都付出了惨痛的代价。工业化时期，工业的快速崛起、自由放任的资本主义加上无为的政府，使"城市病"愈演愈烈，最终是社会推动着政府，最终用法律给资本戴上枷锁，政府担起"守夜人"的职责，综合施策，取得了阶段性的成效。但经济社会仍然在发展，政治的、经济的、技术的因素让二战后的英国再次遭受"城市病"的折磨。可见，"城市病"是城市化发展中很难避免的现象，即使有了惨痛的教训和治理的经验，"新病"还是会来，这就需要我们在充分吸收和借鉴人类创造的一切经验的同时，深入研究我国的国情，研究我国城镇化发展的规律，研究不同阶段可能出现的"城市病"，提高发现"未病"、治"未病"的能力，把"城市病"的影响消除到最小。回顾英国两次"城市病"治理过程，我们发现，英国在以下几个方面的做法，值得我们借鉴。

（一）善用法治

无论是工业化时期的"城市病"治理，还是工业化后期的"城市病"治理，英国都善于通过立法和严格的执法来治理。首先，用法治的规则和强制力来规制政府的行为。一方面强制政府履行城市公共管理的责任，无论是环境卫生，还是城市基础社会建设，无论是社会治安管理，还是对广大民众的保护都需要政府担起应有的责任；另一方面通过法律来限制政府不得恣意妄为，"法不授权不可为"，制定好的规划，要严格执行，不能任性，才能保证规划的严肃性和延续性，不会因为领导人的改变而改变，不至于无序的扩张导致资源的浪费。其次，制定法律明确企业的社会责任，无论是企业对劳动者的保护责任的确认，还是企业随着城市发展、产业的升级必须迁出城市，通过法律的颁布和实施，就能减少阻力，形成社会共识。最后，要高度重视立法和严格执法，良法是法治的基础，法治的实现靠的是严格的执法，立法要广泛引导社会参与，才能为良治创造基础。当前我们正在推进全面依法治国，"城市病"的治理也要纳入法治的轨道，通过建立健全法律体系，从而实现"城市病"治理的法治化、科学化、现代化。

（二）科学规划

英国治理"城市病"的重要经验是规划的科学性、原则性和指导性，特别是工业化后期，经过第一次"城市病"的阵痛后，英国以田园城市理念为指导，广泛征求社会各界意见，制定了前瞻性、长久性的城市规划，特别是伦敦的阿伯克龙比规划，面积之大，规划周期之长，坚持之久，值得我们认真学习。而且政府严格按照规划来执行，不随意改弦更张，有效地避免了无序的"摊大饼"式的城市生长。对照英国的城市规划，值得我们学习和借鉴的有：一是加强区域的规划协调，根据城市带和城市群的分布特点，组成区域的规划协调组织，进行统一的研究和安排，过程中要重视城乡的协调发展，把农村问题和城市问题统筹考虑和解决，从而更好地实现更大区域的资源整合和整体布局，为城市发展留足空间；二是善于把规划上升到法律层面，增强规划的权威性，突出法律的强制性，约束政府的随意性；三是规划制定过程中的多元主体参与，不仅要面向全球征集专家和学者的建议，还要问计问需于人民大众，开展反复的调研和论证，同时也要面向未来；四是确保规划的落地实施，成立专门的规划监督机构，制定规划修订的严格程序。

（三）综合施策

"城市病"是由于人口的无序流动造成的，因此这种病不是单一的，而是"综合征"，甚至还伴有"并发症"，各种病之间有时又是相互联系、互为因果。在治理过程中，一是立足长远。如果只关注局部效果和眼前效果，通常会顾此失彼，甚至是"按了葫芦起了瓢"。比如，英国在早期集中清理贫民窟时，由于未及时安置转移出的工人，反而导致了居住环境的拥挤与恶化。二是兼顾城乡。把"城市病"的解决纳入城乡融合的大背景下考量，"城市病"是工业化和城市化发展过程中出现的，但背后通常存

121

在着较为严重的"农村病","城市病"多半会伴随着"农村病",因此,城市和农村需要统一规划,统筹兼顾。三是齐抓共管。20 世纪 80 年代,伦敦治理空气中的雾霾,就综合使用了多项政策,如通过出台《清洁空气法》实施法律治理;收取拥堵费和发展公共交通,实施政策治理;利用新型胶水实施技术治理;建设绿地和绿色能源实施绿色治理;鼓励公众参与实施社会治理等。

第二节 高度浓缩型城市化道路上的"城市病" 及其治理——日本的经验与启示

日本是发达国家的后起之秀,它是亚洲最早迈入城市化的国家,也是城市化率和城市化水平世界领先的国家。日本的城市化具有以下特点:一是时空上的高度浓缩。二战以后,日本借助朝鲜战争的机遇,短短 30 年的时间就完成了城市化,走过了欧美国家用一百多年才走完的城市化进程。二是高度紧凑型的城市化。日本的国土狭窄,自然资源十分贫乏,加上政商结合的工业发展模式,日本的城市人口高度集中,形成了以东京、大阪和名古屋三个大都市圈为主体的城市格局,这三个大都市圈以 10.33% 的国土面积集聚了全国总人口的 46.73% [1]。

一、日本治理"城市病"的经验

伴随着工业化和日本经济的发展,日本的城市化大体经历了四个时期。第一个时期是城市化开始时期,从 1868 年的明治维新到 20 世纪 20 年代,也被称为日本城市化的准备时期。这一时期,政府通过颁布鼓励农

---

[1] 简新华,何志扬,黄锟.中国城镇化与特色城镇化道路 [M].济南:山东人民出版社,2010:135-136.

业发展的政策,为工业化和城市化提供了剩余劳动力和土地,日本的城市化率从 1898 年的 11.75% 提高到 1920 年的 18.04%。第二个时期是城市化曲折发展时期,从 20 世纪 20 年代开始到 20 世纪 50 年代,这是城市化的启动时期。但由于日本对外侵略,城市化进程被限制了,后期因为二战的失败,大批复员军人、海归人员和城市疏散人员返回农村,城市化率从 1940 年的 37.72% 反而下降到 1947 年的 33.11%,后退到十年之前的水平,但当时的城市数量是有所增加的。第三个时期是高度城市化时期,从 20 世纪 50 年代到 20 世纪 70 年代,这是日本得益于朝鲜战争期间美国采购其战争物资,促进其经济快速恢复拉动了工业起飞的结果,这时日本的城市化率从 37% 上升到 76%[①],创造了一个惊人的增长速度。四是城市化发展完善期,从 20 世纪 80 年代开始一直到现在。

(一)日本的"城市病"——以东京圈为例[②]

从日本城市化的进程看,自明治维新开启城市化以来,日本高度集约化的城市化道路在有限的空间内快速聚集大量的资源和生产、生活要素。一方面快速实现了城市化,同时推动了工业化的发展,但另一方面,这条道路也是一条片面发展工业、发展城市的生产功能而忽视市民生活环境、生活质量的畸形城市化道路。由此也引发了许多"城市病",如交通拥挤、住房紧张、房价暴涨、环境恶化等。

日本的"城市病"爆发于 20 世纪六七十年代以后,在东京的主要表现有以下三点。一是地价和房价的暴涨。日本土地价格 20 世纪 80 年代初忽然出现急速上涨,特别是 1987～1991 年。1988 年东京圈的涨幅高达 65.3%,从 1955 年到 1972 年,地价上涨了 17.5 倍[③],1986～1988 年东京

---

① 日本城市化率数据均来自简新华,何志扬,黄锟. 中国城镇化与特色城镇化道路 [M]. 济南:山东人民出版社,2010:212

② 东京圈是由东京和周边的埼玉县、神奈川县、千叶县组成,是日本最大的金融、工业、商业、政治和文化中心,总面积 13400 平方公里,总人口超 3700 万。

③ 孙执中. 试论 1991—1995 年日本经济长期萧条的原因 [J]. 世界经济,1998 (4):42 - 45.

都市圈三年涨幅超过 93.2% 。① 在日本房地产市场快速发展时期，1986～1991 年，东京、大阪、名古屋、京都、横滨和神户 6 大中心城市的住宅价格指数上涨 145%，6 大中心城市住宅价格涨幅是全国平均水平的 3.3 倍；日本人在工业化高峰的 60 年代还自嘲住在"兔子窝"。② 二是交通拥堵。从 20 世纪 60 年代中期开始，东京都进入机动车飞速增长阶段，到 70 年代完成了汽车的普及，日本大街上跑满了各式各样的汽车，而道路的建设根本跟不上汽车增长的速度。三是空气污染。日本战后推行的是大力发展以煤炭为主要能源的重化工业，在中京等工业带，城市到处烟囱林立，废气肆虐，导致东京难见太阳，空气中到处是硫化物的刺鼻味道，PM2.5"爆表"，光化学烟雾污染严重，1964 年日本总人口的 3% 因为吸入硫化物而引发了呼吸道疾病，截至 1972 年底全国确诊的患者高达 6000 多人，其中 10 多人死亡。③ 还出现了城市卫生等问题，城市垃圾因为人口众多而暴增，清洁工只能夜以继日地搬运，甚至爆发了 1973 年 5 月的"垃圾之争"。20 世纪 60 年代，在市民的抗议下，已有一定经济基础的东京政府开始着手治理"城市病"，经过四十多年的强力治理，如今东京都市圈的城市面貌焕然一新。

（二）日本的"城市病"治理

日本"城市病"的发生，究其原因，同样也是由于人口的短时大量集聚与经济发展难以迅速提供足够的生活资料和生活环境造成的。针对出现的交通拥挤、住房紧张、房价高企、空气污染等一系列病症，日本政府的基本治理思路是疏通。

一是注重整体性的规划。东京在应对城市病的过程中，分阶段、分步骤进行规划的引导，1956 年制定的《首都圈整备法》明确了首都圈地域范围是以东京为中心、半径 100 公里以内。这个都市圈划定的区域是个规划区

---

① 赵晓曦. 日本东京都市圈房地产价格研究 [J]. 时代金融，2016（3）：77 - 79.
② 门晓红. 日本城市化：历史、特点及其启示 [J]. 科学社会主义，2015（1）：146 - 149.
③ 陆小成. "城市病"治理的国际比较研究——基于京津冀低碳发展的思考 [M]. 北京：中国社会科学出版社，2016：140.

域，是制定总体规划的空间依据。而且这些规划是从国家层面进行编制的，不是在单一行政区范围规划，这就非常便于整合区域内的各种资源，增强了规划的效力，也为城市群布局的形成奠定了基础前提。在空间上，形成了一个相互关联、相互支撑的经济圈，有效解决了人口集中在单一城市带来的"城市病"，扩大了城市圈的整体容纳能力。1956 年以后，日本《首都圈基本规划》进行了五次修订，着力进行城市副中心和新城建设，分散了中心城区的职能，有效地配置了资源。如东京根据规划先后在 1958 年、1982 年、1987 年三次分阶段分步骤实施了新宿、涩谷、池袋三个"副中心"城市发展战略，分担东京的城市功能，逐渐形成了多圈层、多中心和均衡化的城市群发展格局。

二是强化分流疏导。一方面，根据规划，建设副中心分流和疏导，东京都目前已经建成了 7 个副中心，这些副中心都能承担东京作为世界城市的部分职能，也能独立地担起当地居民和外来人口的生活工作中心，这就极大地缓解了中心城区的人口、交通、住房和就业压力。通过大力发展功能完备的副中心模式，构建在空间上的相互补充、分工协作的城市经济、政治、文化圈，提高了城市的承载力。另一方面，通过促进公共服务均等化引导人口往中心城市以外流动。为避免资源向中心城区过度积聚，在教育、医疗等公共资源配置上，政府通过多种途径进行整合。以教育为例，东京建立了教师轮岗制度，实施了教育经费投入调节机制，通过师资和经费的调节避免教育资源的集中，促进了教育资源的均等化。如日本公立的中小学教师在同一所学校连续工作不得超过 5 年，教师的轮转由政府统一调剂和管理，这就保证了师资力量和教学水平在同一区域范围内的相对均衡，避免了因资源不均衡导致的学区房现象。此外，还通过产业引导人口流动。1959 年东京通过了《工业控制法》，引导人口从劳动密集型向资本、技术和知识密集型逐步过渡，同时也在首都圈内控制工业、大学等新增项目的规模[①]，以减少人口的大量聚集。

---

① 王大伟，文辉，林家彬. 应对城市病的国际经验与启示［J］. 中国发展观察，2012（7）：48 –51.

三是加强立法整治环境。从 1958 年以来，日本从中央到地方先后制定了《工厂排污规制法》《烟尘排放规制法》《公害对策基本法》《大气污染防治法》《指定区域机动车排放氧氮化物总量控制特别措施法》等十几项法律法规。以治理空气污染为例，日本先后用了 40 多年时间来治理，前期的法律针对工厂烟囱排放的硫化氢气体，后期又针对汽车尾气。日本法律规定，各个地方政府和居民可以缔结公害防止协定，可以进入工厂监督污染物质的排放情况，这样就为民众在污染诉讼、法律追责等方面提供了法律依据，20 世纪 60 年代后期到 70 年代初期，日本民众发起了抵制环境污染的社会运动，给污染企业和政府施加了极大的压力，促进了各界对环境污染问题的治理。

四是构建立体交通网。日本从 1964 年开始逐渐建立密集的高速公路网和覆盖全国的新干线，目标是建设一个"日本列岛一日达的经济圈"。东京高度注重城市圈的交通网建设，特别是通过轨道交通引导副中心城市的发展。东京建立了一个地面、地下、地上立体快速交通网络，同时限制地面交通，大力发展轨道交通，建立了一个以轨道交通为主导的立体交通网络体系。首先，在东京修建一条环市中心铁路，依托各交通枢纽把各个副中心串联起来，然后再以各副中心城市为起点，修建众多呈放射状的、向近郊或邻近城市延伸的轻轨线，并在线路末端发展新的中小城市和工业中心。[1] 日本的新干线铁路从 1970 年的 515 公里，增加到 2005 年的 2176 公里，高速公路从 638.5 公里增加到 2005 年的 8744 公里[2]。截至 2012 年，东京大都市圈已有近 3000 公里铁路和 300 多公里地铁。轨道交通每天运送 2000 多万人次，占全部客运量的八成以上。[3]

五是城乡一体化治理。日本的城市化道路最初是通过对农业的剥夺实

---

[1] 王大伟，文辉，林家彬. 应对城市病的国际经验与启示 [J]. 中国发展观察，2012 (7)：48 - 51.

[2] 吴殿廷，虞孝感，查良松，姚治君，杨容. 日本的国土规划与城乡建设 [J]. 地理学报，2006 (7)：771 - 780.

[3] 王大伟，文辉，林家彬. 应对城市病的国际经验与启示 [J]. 中国发展观察，2012 (7)：49 - 50.

现的，长期的剪刀差为日本工业的发展提供了资金积累。在"城市病"治理过程中，日本政府正视城乡发展的不平衡性，采取以法律为保障，通过以工促农，以城带乡，实施市町村合并改革，土地集中实施适度规模经营等措施缩小城乡，实现城乡一体化。和英国一样，日本也是高度重视通过系统的城乡规划来推进城乡一体化建设，日本制定的国家层面的综合开发规划，通过国家统一的政策来协调资源配置，充分体现了国土的综合开发和城乡统筹特点。日本还颁布系列法律，支持农业发展，加大财政惠农支农投入力度。20世纪50年代，日本推出"国民收入倍增计划"，1961制定《农业基本法》，目的都是增加农民收入，"使其达到从事其他产业者的生活水平"，着力解决"三农"问题。例如，1960~1969年，日本政府以高于国际市场价收购农产品，十年间农产品价格上涨95%左右，大大增加了农民收入。[①] 农民收入提高又反过来为工业品市场制造了需求。日本财政在农村基础设施、农业现代化推动、改善农村公共服务等方面也有较大的支持力度，此外，政府还出台了大量的农业贴补和涉农的税收优惠政策。这都对城乡问题协同解决创造了良好的环境。

二、日本治理"城市病"的启示

日本通过科学的规划，不断完善的法律和灵活多变的政策，特别是通过发展副中心城市，构建城市群，合理资源配置，有效地对大城市的人口进行了合理的疏解。给我们国家在土地资源紧张、生态约束大、城市化快速推进的大城市进行"城市病"治理提供了重要借鉴。

（一）因地制宜，发展集中和分散型相结合的城市体系

集中型的城市化模式能使大城市的各种功能得到充分发挥，先进的基础设施，便捷的教育、医疗、就业等民生服务使城市的聚集功能大大增强，对人口的拉力作用强大，但大量的人口聚集在狭小的空间，会带来各

---

① 董小君. 日本解决"三农"问题的经验借鉴［N］. 中国经济时报，2015-02-05（005）.

种"城市病",甚至会加剧城乡矛盾。分散型的城市化模式,注重中小城市,既有城市的便利,又有农村的田园风光,一定程度上能缓解"城市病";但过于分散、过小,则不利于形成集聚和规模效益,容易造成资源的浪费。因此要根据我国的国情,在东、中、西部分别发展分散型、分散和集中结合型、集中型的城市,增强城市的综合效益;同时要注重统筹城乡,把乡村建设纳入整体规划体系,实现城乡—体化规划和—体化发展。

(二)大城市周边要加强系统的副中心城市建设

借鉴日本东京的做法,在大城市加强城市副中心建设,疏解大城市的功能。在经济发达地区加强城市群建设,重点是做好整体规划,从国家层面组织跨地区的规划,建立"中心—副中心—周边新城—临县中心"的多中心、多圈层、均衡化的城市圈格局,加强跨区域的协调。同时加强规划的前期论证,充分吸收社会各界意见,以提供规划的权威性,提高规划的执行力度;还要进一步推动公共资源均等化,把交通、教育、医疗、卫生等公共资源均衡配置到各个副中心,防止优质资源带来的集中;进一步引导产业转型和升级,减少主城区的人口过度膨胀,把劳动密集型的工业企业进行合理迁移,根据城市特点发展知识型、创新型、数字型的创新产业,提高产业质量。

(三)加快建设以轨道交通为核心的公共交通体系

借鉴日本做法,一是发展地面、地下和地上复合的立体交通体系,通过轨道交通网将城市副中心、卫星城、开发区有机联通,减少公交车等地面公共交通设施,运用经济手段调节私家车的出行,加大执法和惩处力度,有效治理交通拥堵;二是改变传统的建设资金单纯由政府投资的方式,吸收社会投资到公共交通领域,加快轨道交通的建设力度和速度;三是多中心布局,减少职住分离现象,减少通勤时间,减少上下班交通需求总量;四是建立智能化、数字化的交通系统,提高交通的运行效率,通过建立"城市大脑",科学合理地引导和调配交通资源,建立各种无感支付系统,提高交通运行效率。

（四）加强法治建设，治理环境污染

国家要重视对环境污染的法治化治理。一是制定水、气、废排放的相关法律，提高企业排放标准，减少污染总量，以严格执法倒逼企业转型升级，淘汰落后产能，切实改变高污染、高排放带来的高产出；二是大力发展和使用新能源汽车，出台法规限制汽车尾气排放的标准，强制安装减排装置；三是鼓励社会各界尤其是公众的参与，共建共享环境保护成果，引导城市绿化建设，鼓励发展低碳经济。

第三节　中国一二线典型城市"城市病"的治理

北京和杭州是我国北方和南方的两个重要城市。北京是我国首都，一线超大城市的典型，城市人口从 1982 年全国第三次人口普查的 923.07 万，增加到 2010 年第六次人口普查时的 1962 万人，2016 年达到峰值 2195 万人，2017～2020 年因为人口规模控制，开始逐年下降，据国家统计局数据，2020 年北京城镇化率约为 87.55%，已处于高度城镇化阶段。[①] 杭州是经济发达地区的省会城市，也是二线特大城市的典型代表，1980 年人口 10.16 万人，2010 年人口 689.12 万人，2017 年人口达 753.88 万人；近年来人口还在继续流入，2015～2018 年杭州常住人口增量分别是 12.6 万人、17 万人、28 万人、33.8 万人，增量呈逐年递增之势，并在 2018 年突破了 30 万人大关，使常住人口从 2017 年的 946.8 万人增至 980.6 万人。[②] 北京和杭州改革开放以来都在工业化和经济社会高速发展推动下实现了较高水平的城镇化，也曾在不同的时期或者正在经历一些"城市病"的困扰，比如城市交通拥堵、空气污染等，两个城市也都在党和政府领导下，努力通过综合施策比较有效地推进了"城市病"治理。

---

① 中国统计年鉴 2021［M］. 北京：中国统计出版社，2021：35.
② 相关数据来自历年《中国统计年鉴》。

一、一线超大城市"城市病"的治理——北京的实践

北京作为国家的首都，是我国政治中心、文化中心、国际交往中心和科技创新中心，也是一个人口高度密集的超大城市。新中国成立时，北京市常住人口为 420 万，城镇化率 42.5%。① 改革开放以来，人口爆炸式增长，一次又一次地超过人口的控制总量，一方面，人口的高度聚集给北京带来了发展活力，另一方面也让北京患上严重的"大城市病"。北京的"大城市病"主要体现在五个方面。一是交通拥堵，"首堵"成为近年来北京的别称，节假日拥堵成为规律，平时也随时有无征兆的拥堵；二是人口过多，北京六个主城区人口高度密集，上下班时的地铁更是拥挤不堪；三是资源紧张，水资源、电力资源都要靠其他地方调度；四是环境污染较重，尤其交通拥堵造成的空气污染和人口暴增产生的各种垃圾；五是房价高企。造成北京"大城市病"的原因有很多，核心的根源有两个。一是北京集中的功能过多，北京的产业结构层次不高，北京没有与周围的区域（天津、河北等）、城市形成错位发展、互动发展的格局；二是北京城市发展的空间结构不合理。北京城市建设长期以来采取"摊大饼"和职住分离的方式，从二三环向四五六环，逐步拓展，而没有按照核心区加卫星城的都市圈方式，没有形成与周边区域城市协同发展的城市群，必然造成交通拥堵等一系列问题。② 为此，党和国家从战略全局的角度提出了一系列解决北京"大城市病"的举措，特别是 2014 年 2 月习近平总书记提出京津冀协同发展以来，北京从发展战略转型、城市规划调整、产业结构调整、人口数量控制、京津冀协同发展等多方面发力，使北京"城市病"的治理取得一定的成效。

---

① 北京新中国成立 60 年经济发展数据解读新闻发布会 [EB/OL]. http://www.scio.gov.cn/xwfbh/gssxwfbh/xwfbh/beijing/Document/397631/397631.htm.

② 张军扩，促进京津冀协同发展 打造世界级城市群 [N]. 中国经济时报，2015 – 09 – 17 (001).

（一）明晰定位做规划

自新中国成立以来，北京先后制定了十三个五年规划、五次国民经济发展长远计划、三个长期的发展战略以及六个城市发展总体规划。正是因为有了这些阶段性的规划，北京才能在短短几十年间发生翻天覆地的变化，过程中北京不断根据发展实际的变化，不断更新发展理念、调整自身的发展战略。北京数十年来的城市发展始终以"国家政治、经济和文化中心"为定位，作为有着独特优势和丰富资源的首都，改革开放以来吸引着数以千万计的人口不断向它聚集，快速的城镇化发展，导致了交通不畅、大气污染、住房紧张、资源短缺等严重的"大城市病"，经济发展了，城市的居住质量却下降了。《北京城市总体规划（2004 年—2020 年）》首次把北京定位为：国家首都、世界城市、文化名城，并第一次把"宜居城市"定为发展目标，去掉了"经济中心"的表述，把宜居都市作为战略目标定位，这一定程度地避免了城市片面追求经济功能，避免了城市发展中有对城市环境和居民生活条件改善的忽视。党的十八大以来，习近平总书记多次视察北京并发表重要讲话，明确提出北京"政治中心、文化中心、国际交往中心、科技创新中心"的新战略定位，提出建设国际一流的和谐宜居之都战略目标，在这个战略思想指引下制定的《北京城市总体规划（2016 年—2035 年）》围绕"注重长远发展，注重减量集约，注重生态保护，注重多规合一"，把有序疏解城区非首都功能，缓解困扰北京多年的"大城市病"作为重点，提出转变发展思路，以资源环境为硬约束，划定人口总量上限、生态控制线、城市开发边界"三条红线"，倒逼城市转型发展。[①]

（二）统筹城乡抓协调

城乡关系的不协调是北京"城市病"爆发的一个重要病因。鉴于受城乡二元的户籍制度和土地制度制约，北京的人口城镇化和土地城镇化也长期不相匹配。改革开放以来，北京推进城乡统筹发展走在我国各省区市的

---

① 姜鹏. 北京"三条红线"能否治理"大城市病"？[J]. 财经界，2017（31）：58-59.

前列，特别是 2011 年 12 月首次制定了《北京"十二五"时期城乡经济社会发展一体化发展规划》以来，统筹城乡力度进一步加大，"十二五"时期就提出，利用五年时间，着力实现城乡规划一体化、城乡产业一体化、城乡基础设施一体化、城乡公共服务一体化、城乡劳动和社会保障一体化、城乡社会管理一体化等"六个一体化"；"十三五"时期又单独制定了《"城乡一体化"发展规划》，突出问题意识，把新型城镇化建设与农民增收、农业产业结构调整、基本公共服务、基础设施提升、生态环境建设、农村改革、乡村治理作为重点，努力通过大力发展农业农村，形成以城带乡，城乡一体发展。经过近十年的努力，取得了较为明显的统筹城乡发展成效。这些成效主要体现在城乡一体化发展的思想观念和工作方式的明显转变，城乡二元体制的改革有重要进展、城乡二元体制进一步弱化，还体现在对农村的人财物投入上有较显著的增加，以及对郊区生态文明价值的重新认识等多个方面①。城乡接合部是北京"城市病"的"重灾区"，北京通过户籍制度改革、新型农村社区建设、促进失地农民市民化，下大力气改善城乡关系，促进城乡良性互动，实现协调可持续发展。2015 年，北京城乡发展一体化总水平实现程度已经达到 90.96%，比全国高出 33.35%；生活水平和生态环境一体化实现程度分别达到 98.39% 和 97.41%，② 基本实现了城乡融合，城乡一体。

（三）疏解人口抓关键

北京作为我国超大型城市，人口过度膨胀是诱发"城市病"的重要病因，《北京城市总体规划（2004 年—2020 年）》提出的到 2020 年总人口 1800 万的规模规划被提前十年突破。由于教育、医疗、文体、交通等优质资源主要集中在中心城区，致使中心城区人口密度居高不下，新城承接人口的能力有限。北京以举办奥运会和推进京津冀协同发展为契机，在疏

---

① 张英红等. 北京城乡发展一体化进程研究［M］. 北京：社会科学文献出版社，2015：43.

② 朱钢，张海鹏，陈方. 中国城乡发展一体化指数 2017［M］. 北京：社会科学文献出版社，2017：122.

解人口方面做了大量努力，进一步弱化首都经济功能，疏散中心城的产业，疏解旧城人口，调整中心城人口分布。通过近年来的不懈努力，北京成功地完成了一些工业企业的调整和异地搬迁，北京制定了全国首个新增产业禁止目录，严厉禁止水泥、钢铁、石油化工等高耗能企业，倒逼产业转型升级。2014 年北京市关停退出了 392 家、调整 300 家一般制造业和污染企业，搭建了 30 个产业疏解合作平台，推进产业转移疏解项目 53 个，拆除中心城商品交易市场 36 个。① 北京还把优质的教育医疗资源疏解出去，把一些较大的教育和文化项目落地新城带动人口疏解。例如，有的城区明确不允许再增加医疗机构的床位数，天坛医院整体搬迁至丰台，北京中医药大学、中央民族大学在良乡建设新校区，北京化工大学在秦皇岛建新校区等。为更好地引导企事业单位外迁，北京把通州建成行政副中心，还积极推动服务全国的科研、商务和生产管理等职能部门向新城扩展，同时大力发展地铁等公共交通，建设第二机场，带动人口的疏解。

（四）均等服务促治理

城市发展的价值目标就在于不断满足人民日益增长的对美好生活的需要，始终坚持以人民为中心，坚持人民城市为人民。北京治理"城市病"始终坚持人民立场，坚持人民有所呼，改革有所应。顺应人民对和谐宜居城市的需求，运用新发展理念，下大力气解决人民群众反映最强烈的问题，着力提升北京发展的持续性、宜居性。"城市病"是城市化进程中衍生出来的副产品，也是现代化过程中必须经历的"阵痛"。这种发展中出现的问题必须依靠发展的手段才能解决。北京作为超大型城市，其日益增长的人口给自身带来了严重的资源、环境压力，也催生了许多教育、就业、医疗等民生问题。北京在"十二五"时期基本公共服务水平就居全国前列并达到中等国家水平的目标，近十年来，北京突出问题导向，抓住薄

---

①　乌梦达，孔祥鑫. 聚焦北京解决"大城市病"破局之变［J］. 决策探索（上半月），2015（8）：67－68.

弱环节,通过优化社会公共服务资源布局、实施公共服务多主体供给、精细化管理等举措来解决市民在教育、卫生和基本医疗、养老服务、交通和住房保障等方面的问题,已做到学有所教、劳有所得、病有所医、老有所居和住有所居;通过加强加大轨道交通设施建设密度和覆盖面,缓解首都交通拥堵压力;通过加强污水河道治理、加强能源环保设施建设来治理环境污染。

(五)京津冀一体化协同治理

北京可持续发展面临的重大考验是人口和产业的过度集中,不仅影响了北京"四个服务"① 功能的充分发挥,也影响北京对周边地区的辐射和扩散;同时,由于行政分割、要素流动不通畅、经济发展程度差异大以及北京完善的基础设施、优越的资源禀赋,导致北京对周边城市人口产生了巨大的"虹吸效应",又加剧了北京的"城市病"病情。北京的"大城市病"需要在区域空间尺度上进行布局,突破单一中心的布局,依托一个具有强劲经济活力的腹地作为区域发展的基础,实现区域协调发展,而京津冀区域是我国北方最大、发展最好、现代化程度最高的城镇和工业密集区,也是引领北方地区发展、打造北方经济中心的重要战略支点。2014年2月京津冀协同发展作为一个重大的国家战略被首次提出,在《国家新型城镇化规划(2014—2020年)》中提出把京津冀城市群建成世界级城市群,后又成立国家级的协同发展领导小组,进一步确立了一体化发展的战略地位。2015年4月30日,中共中央政治局批准了《京津冀协同发展规划纲要》②,在通州建立北京城市副中心,设立雄安新区,为北京插上两翼,积极稳妥有序疏解北京的非首都功能。该纲要提出,大力推进京津冀协同发展,努力打破京津冀区域行政、市场和产业的分割局面,建立政府、企业、社会多重互动合作新机制,并在交通一体化、生态环境保护、

---

① 北京"四个服务"功能指为中央党政军领导机关服务,为日益扩大的国际交往服务,为国家教育、科技、文化和卫生事业的发展服务,为市民的工作和生活服务。

② 邓琦,金煜,饶沛.京津冀协同发展规划纲要获通过[N].新京报,2015-05-01(A04版).

产业升级转移三个重点领域率先突破，提高资源配置效率，推进一体化发展；有效缓解北京大城市病，拓展区域发展新空间，探索人口经济密集地区优化开发新模式，打造全国创新驱动发展新引擎，加快构建京津冀世界级城市群。

治理"城市病"是一项系统工作，主体多元，内容多样。必须坚持唯物辩证法把治理"城市病"上升到城市改革发展稳定的关键一环的战略高度来对待。北京在治理"城市病"的具体实践中统筹了空间、规模、产业三大结构，规划、建设、管理三大环节，改革、科技、文化三大动力，生产、生活、生态三大布局，政府、市民、社会三大主体，提高了"城市病"治理的整体性、系统性、全面性、科学性、多元化和可持续性，在"大城市病"治理上取得一些重要的经验。

二、二线特大城市"城市病"的治理——杭州的实践

杭州是浙江省省会，是长三角城市群中重要的副中心城市，也是我国"万亿俱乐部"中的明星城市。进入 21 世纪以来，随着城镇化的快速发展，杭州市城市规模也急剧扩张，人口数量加速上升。随之而来的环境负荷超限、交通拥堵、公共设施不足、社会保障不均衡等各种"城市病"，开始制约城市经济社会发展。杭州坚持"先治理、后发展""边治理、边发展"的理念，通过高起点规划、高标准建设、高强度投入、高效能管理推进高质量的城镇化，以城市群为主体、推进网络化发展，以智能化为手段、建设智慧城市，以保老城建新城为抓手、建设个性城市，以生态保护为抓手、建设生态城市，以多元参与和多维联动为抓手、推进系统治理，以农民工市民化为抓手，统筹城乡发展，正视和不断破解"城市病"，积累了"城市病"治理的丰富经验。

（一）创新理念引领科学规划

理念是行动的先导，科学的发展理念和高水平的规划对于"城市病"治理和城市发展的重要性不言而喻。（1）杭州较早确立了"城市有机更

新"理念。杭州严格按照浙江省"八八战略""两富两美""美丽杭州"等建设工作要求，先后出台一系列关于城市发展和城市治理的发展规划，为杭州的城镇化建设和城市发展做好顶层设计。在城市建设和治理中摒弃了"拆旧城、建新城"做法，以"保老城、建新城"为特征，转变城市发展和治理方式，确定了"一主三副六组团"的城市空间布局和"两疏散、三集中"发展方针①，以城市群为主体形态，构建大中小城市协调发展新格局，并下大力气解决杭州发展存在的流动人口问题、城市交通、医疗、卫生、教育等问题，有力推动了杭州城市沿江跨江发展，使杭州的历史文化名城得到保护，实现了保护和发展的双赢。在推进城市形态、街道建筑、自然人文景观、城市产业的有机更新过程中，始终贯彻以民为本、保护第一、生态优先、文化为要、系统综合、品质至上、集约节约、可持续发展八大理念，② 让杭州在有机更新发展中焕发出新的活力、拓展了发展空间。(2) 杭州不断明晰目标定位。2013 年，《"美丽杭州"建设实施纲要 (2013—2020 年)》将"美丽中国样本"和"国家首美之地，创新智慧之都，东方品质之城"作为目标定位，2016 年 G20 峰会后杭州的新目标是"建设独特韵味、别样精彩的世界名城"，新定位是"历史文化名城、创新活力之城、东方品质之城、生态文明之都"，新功能定位提升为"国家高新技术产业基地，国际旅游休闲中心、国际电子商务中心、全国文化创意中心、全国互联网＋创新创业中心"。③ 根据不同发展阶段确立的目标定位，指引着杭州城市建设和城市治理的转型升级。(3) 杭州加快

---

① 一主三副六组团是指杭州在城市建设规划中形成的以主城区为主，三个副城市中心、六组团为辅的格局。一主指主城；三副城指江南副城（滨江，萧山）、临平副城、下沙副城；六组团指临浦组团、瓜沥组团、义蓬组团、塘栖组团、余杭组团、良渚组团。"两疏散、三集中"是杭州城市规划的方针。两疏散指的是老城区人口和建筑疏散，而三集中是指工业向工业园区集中、高校向高教园区集中、建设向新城区集中。

② 中共杭州市委　杭州市人民政府关于开展新一轮解放思想大行动，共建共享与世界名城相媲美的生活品质之城的决定 [EB/OL]. http：//www. hangzhou. gov. cn/art/2008/9/24/art_808324_3227. html.

③ 汤海孺. 后峰会时代 造世界名城——解读杭州城市规划思路 [J]. 杭州科技，2018 (1)：39 – 41.

了城市的国际化。杭州专门制定了《2015—2017 年加快推进杭州城市国际化的行动纲要》规定了四个方面的内容：一是着力构建国际产业会展创业交流平台，建设国际交通、教育、医疗设施，提高宜居、宜商、宜旅等国际高端要素的有效集聚；二是积极推进"多规融合"，坚持有效聚集和有效疏散相结合，按照生活空间要宜居适度、生产空间要节约高效、生态空间要山明水秀的要求，实施城市总体规划修编；三是深化城乡统筹发展，始终坚持"城市与农村共生"的理念，深入实施市域统筹发展"六大西进行动"决策①，积极打造各区县与市一体化发展，打造"村美民富"的美丽乡村；四是着力推动杭州都市圈建设，完善杭州、嘉兴、湖州、绍兴四市协作机制，加速杭州都市圈城市分工协作的一体化发展。

（二）城乡融合协同治理

城市是党的工作中心，"三农"是党的工作重点。将党的工作中心与党的工作重点相结合，杭州在推动城乡一体发展方面主要采取了以下措施。（1）积极推进农业转移人口的市民化。② 杭州坚持以人的城镇化为核心，注重保障进城农民工合法权益、实施差别化落户政策、稳定推进城镇常住人口基本公共服务均等化，解决农村进城务工人员的基本民生问题。通过提升城市原住居民整体素质减少城市居民对外来流动人口的歧视和敌对态度，为农业转移人口早日融入城市创造良好城市氛围。同时为农业转移人口提供多种形式的技能培训和职业教育，通过提升农业转移人口自身的人力资本积累，增强其在城市就业的竞争力。杭州市多管齐下促进农业转移人口的市民化，为贯彻落实三个"1 亿人"作出应有贡献。（2）加强城市环境建设。杭州市聚焦改善民生提出了具有重要影响的"破七难"战略，"七难"人民群众最关注、反映最强烈的"就业难""看病难""上学难""住房难""行路停车难""办事难""清洁卫生难"等七大民生问

---

① 六大西进行动是指杭州深入实施城乡区域统筹，让市区的优质资源向县市辐射和延伸，而实施的科技、人才、现代服务业、文创、旅游、交通"六大西进"。

② 王国平. 与城市领导谈城市［M］. 人民出版社，2016：36.

题；同时，顺势推出了系列民生实事工程，如"背街小巷改造""城中村改造"等，大大提升了城市的生活环境。（3）以农村为重点深化城乡融合。杭州早在 2006 年就颁布了《杭州市社会主义新农村建设规划》，提出了统筹城乡发展的理念和举措，坚持"多予少取放活"和"工业反哺农业、城市支持农村"的方针，实施了城市带动、农业提升、村庄整治、社会发展、农民保障、基层建设的六大工程，切实解决"四农一村"问题，努力把杭州新农村建设成全国模范区。① 一是大力推进乡村生活现代化与城市环境田园化，把环境、资源和人文优势转化成发展动力，建设生态环境优美、产业特色鲜明、社区服务健全、乡村文化繁荣、农民生活幸福的"美丽乡村"，努力实现城乡生活方式的融合。二是大力推进城乡经济发展的融合。城市发展种养殖业，农村发展乡镇企业，城市与农村产业联动，共同推动城乡产业的融合，转变了长期以来，城市经济以工业和服务业为主，乡村以农业为主，城市是经济中心的情况。三是城乡社会发展融合。杭州将城镇居民医疗保险与新农村合作医疗保险统一起来，设立城乡居民医疗保险，实现城乡社会保障的统一。建立了农村无保老人最低生活补助制度和计划生育家庭奖励扶助制度。近年来还通过杭州的优质医疗资源设立分院区等方式，向农村地区输入优质医疗资源，通过城乡师资互派、挂职等方式，向农村输入优质的教育资源。杭州还强化了公共服务，建立各种功能齐全的文化礼堂、健身场所、连锁超市和"数字兴农"等公共服务场所。② 后又构建"八大机制"③，为城乡一体化和城乡融合发展提供最大保障。通过发挥"八大机制"作用，由最初的城市引领带动农村发展，不断通过经济辐射、政治影响、文化浸润、服务覆盖等措施，逐步缩小城乡之间差距，最终实现城乡一体和城乡融合发展。

---

① 杭州市社会主义新农村建设规划 [EB/OL]. http：//www. hangzhou. gov. cn/art/2006/9/27/art_808684_2804. html.

② 石向实等. 阳动阴随：杭州城乡互动的心曲 [M]. 杭州：浙江大学出版社，2015：118 - 120.

③ "八大机制"为城乡规划先导机制、城乡产业互动机制、城乡设施共建机制、城乡生态共保机制、城乡民生共享机制、城乡协调管理机制、城乡人文共创机制、城乡要素配置机制。

（三） 深化改革推进治理现代化

"城市病"是发展带来的问题，理应通过全面深化改革、完善城市治理体系、提高城市治理能力来解决。杭州在深化城市改革、完善城市治理体系、提高城市治理能力方面始终走在前列。（1）通过改变发展理念，改革经济发展方式促进城市发展与治理的良性互动，通过"五水共治""五汽共治""五废共治"等来加强城市环境治理。（2）构建党政领导政社合作的复合型治理结构。杭州逐步构架出了一个"党委领导、政府负责、社会协同、公众参与"的社会管理格局。其中党的领导是核心，充分发挥了党总揽全局、协调各方的作用。通过建立民主决策、民主管理、民主监督等民主工作机制来统筹政府、社会、市民三大主体力量，将城市治理体系和管理体制纳入法治，调动各方推动城市发展的积极性、主动性和创造性，使城市管理从平面直线管理转为立体多维管理。同时逐步实现由政府对社会单向度的管控向政府与社会对社会公共事务管理的合作治理转变。①例如，杭州在基层治理方面通过制定"四张清单一张网"划清了行政权力与自治权利界限，建立了政府行政管理与基层群众自治有效衔接和良性互动的机制；通过充分发挥党政主导力、市民主体力、媒体引导力，实现了发扬民主与改善民生的相互促进"三位一体"机制。（3）在推进基层治理方面，不断根据基层群众和基层治理需要改革体制机制，实施了探索社区党组织、居委会、公共服务工作站"三位一体"的社区治理体制，又推出了"三社联动""3＋X社区服务综合体""楼宇党建"等举措。近年来杭州还探索建立了"网格化管理、组团式服务、片组户联系"的网格管理机制等。②

（四） 推进产业转型升级

产业是以人为核心的城镇化的基础。近年来，杭州不断优化和推进产业的转型升级，经济发展呈现出"增长中高速、发展中高端、水平中

---

① ② 黄鹏进，改革开放40年：社会治理改革的杭州实践与经验［N］. 杭州日报，2018－06－12（016）.

高深"的趋势。（1）加快创新型城市建设，以提高自主创新能力为主线，打造创新产业价值链，以培育特色小镇为载体，打造经济转型升级新平台，使"大众创业、万众创新"成为发展新引擎。不断调整产业结构、转变发展方式，加快淘汰落后产能和企业搬迁，推进第二产业退出和优化，实施服务业优先战略，加快主城区"总部经济""楼宇经济""省会经济"和现代服务业发展。（2）注重培育发展新兴经济形态，建立西湖创意谷、之江文化创意园、湘湖文化创意产业园、滨江卡通城等创意产业园区，重点培育信息服务、动漫游戏、设计服务、文化休闲旅游、文化会展等文化创意产业，建设全国文化创意产业中心。近年来，杭州大力发展数字经济，以人工智能、虚拟现实、物联网三大经济为支撑，实施数字经济"一号工程"，坚持数字经济发展的高端化和特色化，实现产业的智慧化和智慧的产业化相结合。2018 年上半年，杭州全市数字经济主营业务收入同比增长 22.8%，全力打造全国数字经济第一城，杭州还推进数字化、产业化和城市化的"三化融合"。① （3）除此之外，杭州还大力引进国内外知名金融机构和企业，建设高端金融功能区和产权交易中心，支持金融企业延伸服务、做大做强，打造区域金融中心。

（五）坚持综合协同治理，全面提升城市品质

（1）加强城市环境的综合治理。按照浙江省统一部署和杭州市的实际，杭州在深入实施"四边三化"②"三改一拆"③"交通治堵"等专项行动的基础上重点打"五水共治"④ 牌、"五气共治"⑤ 牌、"五废共治"⑥

---

① 周旭霞. 推进"三化融合"行动，引领杭州高质量发展［N］. 杭州日报，2018-07-30（007）.
② "四边三化"行动指浙江省委、省人民政府提出的，在公路边、铁路边、河边、山边等区域（简称"四边区域"）开展洁化、绿化、美化行动（简称"四边三化"行动）。
③ 三改一拆，是指浙江省政府决定，2013~2015 年，在全省深入开展旧住宅区、旧厂区、城中村改造和拆除违法建筑（简称"三改一拆"）三年行动。
④ 五水共治是指治污水、防洪水、排涝水、保供水、抓节水。
⑤ 五气共治的"五气"指燃煤烟气、工业废气、汽车尾气、餐饮废气及工地扬尘。
⑥ "五废"指生活固废、污泥固废、建筑固废、有害固废和再生固废。

牌。例如，2014 年杭州开始建设"无燃煤区"、限牌和限行控制机动车污染、有序推进电动公交汽车、大力发展公共自行车以及治理工业废气等多项举措推进空气污染治理；通过建立河长制，河道清污，建立地下综合管网，对一级和二级饮用水源保护区企业全部关停、搬迁或取缔等措施实施"五水共治"。（2）城市的基本公共服务均等化。杭州 2008 年开始启动了健康城市建设工作，把"人人享有基本医疗保障、基本养老保障、清新空气、安全食品、洁净饮水、15 分钟卫生服务圈、15 分钟体育健身圈"[1]作为目标，通过系统规划指引，坚持公共财政新增财力主要用于民生支出，实施了交通便民、百姓安居、就业促进、社保提升、教育强基、文化惠民、医卫利民、体育健身、食品放心、平安创建等公共服务体系建设"十大工程"，全面提升了公共服务的均等化水平。（3）推进智能化治理。针对交通拥堵"城市病"，杭州率先在全国建立了"城市数据大脑"，把数据资源作为城市的基础设施，通过阿里巴巴的技术支持，杭州市主城区每 15 分钟就能根据摄像头抓取的数据调节红绿灯，实现对道路和时间资源精准化分配，大大提高了道路的运行效率，杭州"城市数据大脑"不仅能全天候实时监测交通流量、拥堵指数、延误指数等城市交通指标，而且通过融合高德地图和交通部门等数据资源，用流量、速度、失衡率等指标自动比对、监测路况、发现堵情，并及时进行干预处置。[2] 除了交通，杭州还聚焦医疗、教育、养老等领域，建立了"智慧医疗""智慧教育""智慧社区"等平台，还建立了智慧城管系统。例如在杭州市上城区，河水异物漂浮和流速、水位均在实时的高清视频监控下，公厕添加"电子标签"，垃圾房分类智能投放，每一位城管队员、每一辆执法车辆都智能定位，全区环卫工人都佩戴智能手环实时定位等，通过智能化打造便捷、高效的城市服务体系。

---

① 黄平，徐燕飞. 健康城市建设的"杭州标准"[N]. 经济日报，2016 – 09 – 19（003）.

② 徐伟，侯建斌. 杭州"城市数据大脑"如何精准治堵 [N]. 法制日报，2018 – 05 – 23（005）.

三、中国一二线城市治理"城市病"的启示

"城市病"是城市化快速发展过程中由于供需失衡导致的一系列问题，发展的问题终究要靠发展来解决，而城市以什么样的理念来发展？靠谁发展？发展过程中要处理好哪些一般的矛盾和哪些特殊的矛盾？这是考验人们的一系列重大问题。解决好城市发展问题，消解"城市病"，我们能从北京和杭州的城市发展与治理中得到如下启示。

（一）坚持理念引领

首先，北京和杭州的"城市病"治理取得明显成效和它们秉持的创新、协调、绿色、开放、共享的新发展理念有密切关系。例如，北京和杭州都通过体制机制创新，积极推动城乡融合发展，在"城市病"治理的同时，注重农民工市民化问题，注重通过公共服务均等化共享发展成果；都坚持把保护生态放在重要的位置，把绿水青山就是金山银山的理念融合到治理之中。其次，两个城市在治理"城市病"的过程中都坚持规划先行，无论是北京的"十二五"规划、"十三五"规划，还是杭州 2007 年制定并经过多次修订的城市发展规划，都借鉴了先发国家的经验，用规划指导实践，有比较明晰的"线路图"和"施工图"。最后，两城市在治理过程中都坚持标本兼治的理念，既解决当前的突出问题，又致力于解决将来可能出现的问题。如北京近年来在治理空气污染问题时，既注重解决机动车污染排放，又注重助推产业转型升级，解决工厂污染，还通过区域协同，京津冀合力治理，设立雄安新区以解决千年大计的可持续性问题。

（二）坚持因城施策

我国地域辽阔，人口规模大，区域发展不平衡，每个城市都有自己独特的地理位置、气候条件、产业基础、经济发展阶段和文化传统，"城市病"在每个城市的表现也不尽相同。因此，首先要明晰城市的定位，根据城市所处的区位和经济社会发展水平，因地制宜地制定治理之策。比如，北京是我国的首都，前些年的"城市病"很多是因为其承担了很多的非首

都功能，加上户口承载了太多的福利，致使人口越来越集中，近年来首都更加明晰了自己的政治中心、文化中心和国际交往中心和科技创新中心的城市战略定位，由此开启了前所未有的从"集聚资源求增长"到"疏解功能谋发展"的重大转变。杭州在 G20 峰会以后，也明确了自己在长三角世界级城市群中的定位，明确进一步厚植创新活力之城、历史文化名城、生态文明之都、东方品质之城的特色和优势，建设独特韵味别样精彩世界名城。① "城市病"治理中要特别注重历史文化保护和生态文明建设。其次，要根据每个城市和每个时期"城市病"的病症、城市化的发展阶段，因地制宜，突出问题意识，聚焦重点，攻克难点。比如，北京把城乡接合部和疏导非首都功能作为"城市病"治理的重点，杭州则建设"城市大脑"，通过大数据来治理城市交通拥堵这一痛点。

（三）坚持综合治理

治理体系和治理能力现代化是党的十八届三中全会确定的全面深化改革目标，也是城市及"城市病"治理的目标所向。北京和杭州的"城市病"治理在综合治理方面值得借鉴的首先是在城乡融合的背景下推进城乡统筹治理。北京的城乡一体化始于 20 世纪 80 年代，21 世纪以来加速推进，"三农"问题日渐解决。杭州也是通过以农民工市民化、城中村的集中整治，推进农业农村现代化，推进"城市病"和"农村病"一同治理。其次是积极谋求"四化同步"，实现工业化、信息化、城镇化、农业现代化同步推进。"四化"之间相互影响，相互制约和相互推动，统筹推进是必经之路，也是高效之路，这是北京和杭州在治理"城市病"中的共同之处。再其次，努力实现"三治合一"，充分发挥政府、市场和民众在治理中的共同作用。无论是城镇化发展规划的制定，还是治理资金的来源，还是交通、空气等重点治理项目的推动，北京和杭州都充分发挥多方力量，积极鼓励引导社会和市场主体的参与。最后杭州的综合治理，还体现在它

---

① 赵一德. 干在实处、走在前列、勇立潮头，为加快建设独特韵味别样精彩世界名城而奋斗［N］. 杭州日报，2017 - 03 - 01（01）.

的治理联动上，先后启动了"四边三化""五水共治""五气共治""五废共治"等行动，综合治理环境污染和生态美好。

（四）坚持和加强党的全面领导

党的领导是中国特色社会主义最大本质，也是中国特色社会主义的最大优势。"城市病"治理是一项复杂的系统工程，涉及各个领域和各个部门，关系到千家万户和子孙后代，实践证明要取得"城市病"治理的决定性胜利始终离不开党的领导。首先，党的领导是以人民为中心治理理念的前提和保障。党的领导体现在党领导城市治理规划的制定和法治建设的推进，体现在对规划和法律的制定、实施、监督和修订。只有坚持党的领导，才能不断加强人民民主，保障人民群众对城市发展、治理的知情权、参与权、表达权，不断激发人民参与城市治理的积极性、主动性和创造性，从而构建治理"城市病"的同心圆。其次，党是领导"城市病"治理的政治核心。东西南北中，党政军民学，党是领导一切的，无论是全面深化改革破除体制机制的藩篱，还是区域治理的协调发力，以及形成齐抓共管的工作合力，都需要通过不断加强和改善党的领导来实现。最后，在加强党的全面领导的同时，要不断加强党的建设。具体的做法就是：以政治建设为核心，不断加强思想建设、组织建设、队伍建设、纪律建设，把制度建设贯穿全过程。

第五章

城乡融合背景下中国"城市病"治理变革

我国目前正处于"城市病"的高发频发期，除了交通拥堵、大气污染、能源资源紧缺等传统"城市病"外，一些新的社会问题也时有出现，这使我国"城市病"变得更加错综复杂。"城市病"的治理，从根本上说是让人民更好更公平分享城镇化发展成果，积极推动"物的城镇化"向"人的城镇化"转换，不断提高人民的生活水平和生活质量。在社会主义初级阶段的长时段历史进程中，要更好地实现对"城市病"的治理，就必须坚持以唯物史观指导，在规划层面、制度供给和现代化治理层面有新作为。

"城市病"出现在城市，但背后是乡村。马克思主义城乡关系理论认为，城市和乡村并不是天然存在的，城乡关系发展经历了一个"城乡同一——城乡分离—消除城乡差别"的发展历程；城乡分离和城乡差别的消除并不会自动发生，根本而言，这种消除是在生产力和生产关系、经济基础和上层建筑的矛盾运动中逐渐向前推动的，随着私有制在未来社会的消除，城乡分离和城乡差别也必然会最终消除。而在当代中国社会的时空境遇下，由于城乡融合思想涉及经济发展、环境保护、生态修复、城乡文化、空间景观等诸多方面，因而在规划的制定、制度的完善和现代化治理实践中必须把城乡融合的思想贯穿全过程、全方位，最终形成"以工促农、以城带乡、工农互惠、城乡一体的新型工农、城乡关系"①,从而实现城乡一体化发展。

第一节 理念创新引领城市规划

顶层设计是经济社会有序发展的保证,科学规划是城镇化健康发展的基础。习近平总书记曾指出,规划科学是最大的效益,规划失误是最大的浪费,规划折腾是最大的忌讳。② 近年来多起规划失误、决策失误的典型应该引起警觉,因为这不仅造成巨额资金和资源的浪费,更是降低了地方政府的公信力,抹黑了党的形象。当然,任何规划和决策都不可能尽善尽美,不可能一劳永逸,但规划和决策要留有余地,要最大程度降低失误,要确保规划决策能够长久地坚持下去。

一、贯彻以人民为中心的发展思想

城镇化建设和城市发展是为了不断满足人民日益增长的美好生活需要。因此,城市规划要以完善基础设施和健全基本公共服务体系为抓手,以保障人民共享发展成果为目标,不断推动城镇化的提质增效,更加注重城市的生态、文化和服务功能,切实保障人民的基本权益。习近平总书记在视察北京时指出,城市规划建设做得好不好,最终要靠人民的满意度来衡量。③ 习近平总书记的论述深刻说明了城市规划和城市建设本质目的相同,都是为人民利益服务的。将以人民为中心的理念与新型城镇化建设融为一体,是马克思主义城市理论与新时代中国实际相结合的产物,是党关

① 习近平. 决胜全面建成小康社会 夺取新时代中国特色社会主义伟大胜利 [N]. 人民日报, 2017 – 10 – 28 (001).
② 李斌. 规划失误是最大的浪费 [N]. 人民日报, 2014 – 05 – 21 (005).
③ 陆小成. 以人民为中心把握首都发展要义 [N]. 光明日报, 2018 – 08 – 01 (006).

于城镇化建设和城市发展的最新理论成果。

贯彻以人民为中心的发展思想，就是把以人为本的理念贯穿于城市规划的制定和执行过程中。首先，要明确城市规划让人们生活更美好的目标定位。以人民为中心、让人民拥有更多的获得感、幸福感和安全感是城市规划的灵魂和初衷。城市规划要立足定位，从大处着眼小处着手，认真回应并尽最大限度满足人民诉求。一般而言，居民在城市生活主要关注文化环境、交通情况、稳定住房、财产安全等因素，城市规划就要重点在这些方面用力，让人民群众看得到、听得见、感受得到，切实增强城市居住者的城市归属感和认同感。对城市的认同与归属是城市凝聚力的表现，也是城市规划成功的重要标志。美好的规划蓝图一旦制定，就要坚持干到底，城市管理者要有"功成不必在我"的气魄和为伟大事业贡献力量的担当。其次，城市规划要体现人的价值。城市规划和城市建设要以人为根本，要能够体现社会公平，让农业转移人口享有公平平等的待遇，不断提高人们在城市的生活水平。城市规划要以构建紧凑型城市为主，最大限度利用好城市空间，摒弃以往"摊大饼式"的以增加城市数量和城市规模为特色的无序扩张，节约集约利用城市土地存量资源，科学规划城市整体布局，保持城市的相对平衡；城市规划要坚持为多数人服务的理念，坚持公共交通的城市规划和设计理念，设计公共交通网络，规划自行车道和步行道，为居民提供多样化的出行选择；规划设计不同层次的住房，在住房面积、价格、区位等方面要满足不同收入层次人群的不同需求。最后，城市规划坚持以人民为中心还体现在人民群众广泛参与到城市规划的制定、修改和实施过程中。坚持民主决策和科学决策，保证人民群众的知情权和参与权，"加强对城市规划、建设实施情况的评估和反馈"[①]，可以尝试构建现代化信息沟通渠道等方式扩大民众参与，确保城市规划最大限度体现人民诉求，满足人民日益多样的需求。

---

① 中共中央国务院关于深入推进城市执法体制改革　改进城市管理工作的指导意见［N］. 人民日报，2015–12–31（003）.

二、融入生态文明理念

高质量的城市规划必须坚持生态导向,正确处理"三生"关系(即生产、生活、生态的关系),积极打造延续文脉传承、保存区域特色、突显民族风情的美丽城镇。习近平总书记反复指出,良好生态环境是最公平的公共产品,是最普惠的民生福祉。[①] 城市规划要把城市建设与生态环境的关系放在重要位置,既要城镇化建设的"金山银山",又要生态环境的"绿水青山"。将生态文明理念融入城市发展全过程,正确处理当前发展与长远发展、经济效益与生态效益的辩证关系,建设有地方特色的人与自然和谐共生的生态宜居城市。良好的生态条件既为满足人民日益增长的美好生活需要提供舒适宜居环境,又为城市持续健康发展提供基本保障。不幸的是,人们在追求经济发展速度和效益时没有处理好人与自然的关系,没有处理好发展速度与环境保护的关系,没有给自然生态留出足够的修复恢复时间。久而久之,暂时的缺损演变成永久的破坏,生态环境的破坏反过来又掣肘经济的发展,从而陷入恶性循环的怪圈。因此,保护生态环境必须从根源做起,将生态文明理念融入城市规划的全过程和各方面。

当前,我国城市发展进入"城市病"集中爆发的关键期,"环境污染、生态恶化、资源浪费、能源短缺等'城市生态病'"突显。[②] 新时代人民对美好生态环境的追求与渴望构成了美好生活的重要内容,也成为新的社会主要矛盾的重要方面。在新需求与旧供给之间如何实现平衡,如何实现发展与生态的双赢、人与自然的和谐共生成为摆在地方政府面前的重大考验。一方面,城市规划要处理好城镇化建设与生态环境保护的关系。地方政府要牢固树立"绿水青山就是金山银山"理念,将"两山"理论融入城市规划和城市建设中。城市规划要明确生态环境指标,科学规划城

---

① 丁永勋. 生态环境是最公平的公共产品 [N]. 新华每日电讯, 2013 – 04 – 12 (001).
② 焦晓云. 当代中国人的城镇化研究 [M]. 长春:吉林大学出版社, 2018:219 – 220.

市建设用地指标、工业用地指标、节能减排指标、生态修复指标等，并将之作为推动城镇化建设的前置条件。城市规划和城市建设要坚持自然美，"把好山好水好风光融入城市"①。另一方面，将生态文明理念融入城市规划还要处理好经济发展与人的发展之间的关系。城市自然生态有其自身发展的客观规律，如果没有过多人为干预，它将自在自为地向前发展，即便出现局域性和阶段性的破坏，也会自然修复和更新。人是一切发展的动力和目的。良好的城市自然生态为人类的幸福生活提供了良好的生存环境，有利于推进人的全面发展。因此，城市规划既要处理好经济发展与生态环境的关系，也要处理好经济发展与人的发展之间的关系。归根结底，经济发展的最终目的也是为了实现人的发展。城市规划要处理好生产、生活、生态之间的关系，"实现生产空间集约高效、生活空间宜居适度、生态空间山清水秀"②。党的十九大报告指出，"坚持人与自然和谐共生"③，制定城市规划时要综合考虑空间布局、舒适宜居、文脉传承等因素，理想状态是让城市融入大自然，让人生活在自然和城市错落有致的合理布局中。

三、体现适度超前理念

制定科学发展规划是实现既定目标的基本保障。目标是远方的灯塔，规划是行动的方案。战略目标能否实现，发展规划和发展步骤尤为重要。习近平总书记在省部级主要领导干部专题研讨班的讲话中指出，能否制定全局性、战略性、前瞻性的行动纲领，事关中国特色社会主义伟大事业的兴衰成败。④ 没有目标的努力，就尤如在黑暗中远征。制定科学合理的发展目标就要具备超前意识和科学预见能力，城市政府要在研究现状基础上对未来发展趋势作出科学判断，这是制定发展目标领导城市发展的基本前

①② 中央城市工作会议在北京举行 [N]. 人民日报，2015 – 12 – 23 （001）.
③ 习近平. 决胜全面建成小康社会 夺取新时代中国特色社会主义伟大胜利 [N]. 人民日报，2017 – 10 – 28 （001）.
④ 习近平谈治国理政（第二卷）[M]. 北京：外文出版社，2017：59 – 60.

提。毛泽东曾经指出，"没有预见就没有领导"①，真正的领导是事物出现点滴迹象时就能够预见到它将会发展成为普遍而强大的东西且能够掌控它。城市规划在本质上就是对城市未来几年、十几年甚至几十年的发展目标作出前瞻性谋划，城市规划必须要有超前意识。

科学的城市规划是城市发展的龙头，体现了城市发展长远目标和近期目标的高度统一。首先，城市规划要有前瞻性。因为规划是对未来发展的超前谋划，因此，城市规划要对未来可知可控的发展做好谋划，对暂时难以把控的发展要提前作出预留，规划好不同阶段目标的转移接续，使之能够顺利衔接，确保一张蓝图绘到底。需要特别指出的是，城镇化进程中，城市规划要对未来流入城市的农业转移人口作出科学的预测和充分的准备，要预留大量人口流入后所需要的城市基础设施和公共服务的空间，这是城镇化进程中所有城市特别是大城市必须考虑的一条。其次，确保城市规划权威性、科学性，减少随意性。《国家新型城镇化发展规划（2014—2020年）》指出，城市规划要保持权威性、严肃性和连续性，确保规划的科学合理，防止出现"一茬领导一次规划"现象。② 需要指出的是，城市规划再科学合理、再预留空间，也不能保证与未来发生变化了的实际不出现偏差，适度偏差是合理正常的。城市规划要做的就是不断创新理念，增强规划科学性、指导性③，将产生偏差的概率降到最低，将产生偏差的幅度限定在可控范围。最后，对出现较大偏差的失误要坚决予以修订。有的地方官员面对城市规划失误时害怕担责，硬着头皮按照错误规划推进城市建设，结果造成更为严重的损失。在城市建设过程中，如果发现规划与现实出现偏差，真的不再适应城市发展，就要果断而大胆地进行修订。强调稳定和一张蓝图绘到底，并不是否定规划的灵活性和规划失灵时的正常修订。形势错综复杂，事物不断变化，可以将城市规划主体作为制定后不能

---

① 毛泽东文集（第三卷）[M]. 北京：人民出版社，1996：394.
② 国家新型城镇化规划（2014—2020年）[N]. 人民日报，2014－3－17（009）.
③ 中央城市工作会议在北京举行[N]. 人民日报，2015－12－23（001）.

变的"顶梁柱",而具体要求和措施可以根据变化了的实际适时作出调整,使之更具时代性和针对性。

四、彰显统分结合的理念

城镇化是自然而然的历史过程,但政府"有形的手"也可以对城镇化进程产生重要影响。事实上,改革开放 40 多年来,我国城镇化建设的巨大成就就是在党的坚强领导下取得的。党对城镇化的领导主要是通过制定科学合理、具有全局指导性的一体化城市规划实现的。城市规划的全局指导性和一体化有两层含义:一是要有国家层面的城镇化发展规划对城镇化发展模式、发展动力、形态布局、要素配置、产业支撑等作出宏观规划;二是各地还要有与地方经济社会发展、区位地理优势、历史文化传承、民族传统特色等相符的地方性发展规划,地方规划既要在基本原则上与中央保持一致,又要突显地方特色、谋划地方发展。不管是国家层面还是地方层面,发展规划都要做好统筹衔接,突显整体性和协调性,确保发挥全局指导作用。

具体而言,城市规划的统分结合表现为:国家层面和地方层面。在国家层面上,要以科学理论为指导,坚持绿色、协调、创新、开放、共享的发展理念,从全面建成小康社会和实现中华民族伟大复兴的战略高度制定统一的国家城镇化发展规划。2014 年,国家颁布了历时四年、经过反复修改而最终定稿的《国家新型城镇化规划(2014—2020 年)》,它从农业转移人口市民化、城镇化布局和形态、城市可持续发展能力、城乡发展一体化、城镇化发展体制机制等方面对未来几年我国的城镇化建设作出了规划。可以说,该规划是凝聚了国内外主流观点和最新思想的集大成之作,在指导我国新型城镇化建设过程中发挥了重要作用。《国家新型城镇化规划(2014—2020 年)》的颁布是我国城镇化发展史上的里程碑,标志着中国特色新型城镇化道路的成熟,是对传统城镇化发展理论的重大突破。在地方层面,地方要在符合国家城镇化规划基本精神的前提下,根据自身的经济积累、文化传统、能源资源、环境承载力等条件,制定符合人民根本利益和各个城市特点的发展规划，合理确定城镇数量和城市规模；明确城市发展定位和特色优势，编制具有地方特色的城市发展规划、城乡融合发展规划、乡村振兴规划、基础设施建设规划、公共服务发展规划、新型农村社区发展规划等，规划制定时还要注意各项规划之间的协调和衔接，以形成推动城市发展的合力。以北京市为例，《中共北京市委 北京市人民政府关于全面深化改革提升城市规划建设管理水平的意见》就是 2016 年北京市根据中央城镇化工作会议和中央城市工作会议以及国家城镇化总体规划精神制定的北京市的地方性发展规划，这份规划被誉为首都城市发展史上最具务实意义的发展规划，体现了前瞻性、继承性、系统性、人民性、权威性、规范性等特点。①

第二节　推进体制机制改革和制度供给

制度的善是最大的善。邓小平指出，制度 "带有根本性、全局性、稳定性和长期性"。② 从根源上分析，任何城市问题都有其制度成因。体制机制因素是导致我国 "城市病" 的根本因素，但很多时候它是间接发挥作用的。③ "城市病" 治理要坚持 "两点论" 与 "重点论" 的统一，"两点论" 要求多方齐抓共管，"重点论" 要求抓住主要矛盾，集中发力。在 "城市病" 集中爆发的关键时期，创新 "城市病" 治理的体制机制显得尤为重要。

一、加快推进户籍制度改革

从根源分析，我国城乡之间乃至城市之间发展的种种不平衡都可以追

---

① 北京市规划和国土资源管理委员会. 围绕首都战略定位　做好新时代城市总体规划 [N]. 中国建设报，2018 - 02 - 01 (006).
② 邓小平年谱 (1975—1997)：上卷 [M]. 北京：中央文献出版社，2004：663.
③ 王正平. 中国首位级城市 "城市病"：表现、根源及其治理 [D]. 上海：复旦大学，2014：19.

究到计划经济时代所形成的二元经济结构。二元经济结构是计划经济的重要基础，确保二元结构正常运转的是户籍制度。户籍制度构成了二元经济结构的核心，在现有户籍制度下，一纸户口成为城市居民和农村居民身份地位和各项权益的分水岭。农民进城后，在他拿到城市户口以前，他所拥有的只是他在农村时所拥有的一切权利，城市的养老、医疗、教育、住房等福利都与他无关；当他拿到城市户口后，原来城市中他所不具备的权利便会一次性拥有。换言之，我国城市目前所普遍采用的"积分落户"属于"高门槛、一次性"的落户制度，跨越这个门槛成为无数家族梦寐以求的奋斗目标。这种以个体贡献大小、投资多少、学历高低、能力强弱为依据的"积分落户"方式难以满足越来越多的新生代农民工落户城镇的愿望，因此，必须对现有户籍制度进行改革。改革户籍制度的目的并不是要废除户籍制度，而是要废除造成公民身份和地位不平等的依附于户籍上的权利和福利。

首先，逐步剥离附加在户籍制度上的福利和权利。"户口价值化是当前我国户籍制度的基本问题"①，问题决定方向，户口价值化决定了我国户籍制度改革的方向是逐步实现户籍与各类"价值"的分离，恢复户籍制度原有的同时也是只应该有的登记管理功能。户籍制度改革的目标可以简要概括为，统一城乡居民身份、统一就业政策、统一社会利益分配。福利待遇与户籍脱钩是户籍制度改革的未来趋势，"今后出台有关就业、义务教育、技能培训等政策措施，不要与户口性质挂钩。"② 同时，政府还要采取积极措施，逐步将户籍上的权利和福利剥离出来。对新进城的农业转移人口实行新的政策和管理方式，将他们在城市享受的福利待遇与他们在城市的居住年限、社保缴纳、有无稳定住所、有无稳定工作等情况相挂钩，实现衡量标准的转化。政府还要积极构建城市公共服务提供机制③，

① 焦晓云. 当代中国人的城镇化研究［M］. 长春：吉林大学出版社，2018：184.
② 国务院办公厅关于积极稳妥推进户籍管理制度改革的通知［EB/OL］. http：//www. gov. cn/zwgk/2012－02/23/content_2075082. htm.
③ 国务院关于进一步推进户籍制度改革的意见［M］. 北京：人民出版社，2014：5－6.

确保进城务工人员能公平分享城市发展成果。

其次，建立健全居住证制度，实现管理手段的平稳替代。原有户籍制度不可能废除，但其包含的福利和待遇可以用居住证来替代，居民只要办理了城市的居住证就可以享有相应的福利待遇。当然，享受福利待遇的水平和层次要与他们的居住年限、社保缴纳等情况相挂钩，而不能"一刀切"地让所有人享有完全一样的福利待遇，这既体现了社会主义制度的公平性，也体现了市场经济的竞争性，是目前经济条件下解决户口价值化问题的最好选择。然而，承担这一历史使命的居住证制度目前还并不完善，办理居住证时只登记了持有者的"姓名、性别、民族、出生日期、公民身份号码、本人相片、常住户口所在地住址、居住地住址、证件的签发机关和签发日期"等基本信息[1]。以居住证为依据实现原来附着在户籍上的福利待遇的转移替换需要很多重要信息，从目前居住证登记的信息来看，它能提供的有效信息只有居住年限。所以，以居住证为依托、以剥离福利待遇为目标推进户籍制度改革必须完善居住证制度，完善各项信息特别是可能涉及替代手段和替代依据的各类信息。与此同时，还要搭建政府各部门共建共享的居住证信息网络平台，将城市居住证办理者的住房、就业、社保、婚姻、户籍、学籍等相关信息统一管理和使用，以方便为居住证持有者提供相应福利。最后，中央部门牵头出台不同城市间居住证的转移认定办法。2015 年我国出台了《居住证暂行条例》，它对不同类型城市的落户条件作了规定，也规定了持有居住证的外来人口的各项福利和待遇。但是，当前我国正处于社会转型和结构调整的"百年未有之大变局"的特殊时期，人口流动异常频繁。暂行的居住证实施办法只规定了流动者在城市落户的条件，对于已经在一个城市落户而又需要向其他城市流动的流动者如何实现再落户问题没有明确说明。根据现有做法，流动者流动到新城市后原有的城市居住年限、社保缴纳等将全部清零，这对已经落户城市的流动者非常不公平，而且不利于人才流动和优化资源配置。所以，中央部门

① 居住证暂行条例［J］. 人民日报，2015 - 12 - 13（005）

出台不同城市间居住证的转移认定办法很有必要，而且迫在眉睫。

二、系统推进政绩考评机制改革

长期以来，在领导干部的政绩考核中 GDP 占据了较高的比重。地方各级领导干部为了积累政治信誉和追求较高的考评成绩，在城市建设过程中片面强调经济指标，而对民生、环境等关系人民切身利益的指标重视不够。有的甚至不惜大举借债搞"政绩工程"和"形象工程"，有的只中意于上马"短平快"的项目、任期内能见成效的项目，有的不惜以生态环境换取经济发展的高速度，等等。这样的发展方式与党的新发展理念背道而驰，造成了严重后果。2013 年中组部印发了《关于改进地方党政领导班子和领导干部政绩考核工作的通知》，对新时代领导干部的政绩考评作出了新规定。文件指出，领导干部的考核不能"一刀切""齐步走"，不同地区的标准侧重点要有不同，要突出特色和差异，同时要加大审计，根除举债谋短期发展的行为。[①] 该文件的最大特色在于，明确指出 GDP 不再作为官员考评的唯一指标。

新时代改革官员政绩考评机制，要从三方面着手，整体推进。首先，完善官员考评指标体系。降低 GDP 在考核指标中的比重，同时综合考虑政治、文化、社会、生态、民生、人民满意度方面等的实际成效，突出人民获得感、幸福感和安全感的价值导向。当然，不同地区的考核侧重点要有所区别。比如，经济发达地区，GDP 指标比重可以多降低一点，重点考核人民生活水平生活质量提高程度和人民满意度；经济欠发达地区，GDP 指标所占比重要稍高一点，毕竟发展才是解决各类社会问题的根本途径；等等。需要指出的是，新时代还应该把民众满意度作为官员考核的重要内容。可以考虑将考核指标分为主观和客观两部分，主观考核人民满意度，

---

① 盛若蔚. 中央组织部印发通知：改进地方领导班子和领导干部政绩考核 ［N］. 人民日报，2013－12－10（001）.

客观考核工作实绩。其次，要对官员进行综合性全方位考评。地方政绩是一个合力的结果，不是某个人或某几个人的成绩。因此，官员考核时要综合分析主观因素和客观条件、原有基础和现有努力、个体贡献和集体智慧等的相互关系，既要看到成绩，又要看到成本，既要看到当前，也要看到长远。切实做到考核的客观公平和真实有效。最后，构建多元评价主体，对评价过程和评价结果进行监督。评价体系的完善改变不了由上而下的内部考核的本质，上下级信息失衡给官员政绩考核出现偏差带来了隐患。因此，要构建多元评价主体，吸纳社会组织和专业部门参与考核过程，给社会群体一定的评价自主权，确保评价过程和结果的准确。同时，还应建立全民参与的监督机制，并以此为依托构建问责机制，对在评价过程中作假舞弊行为应坚决问责，同时将问责情况与官员的考核相挂钩，共同推动和构建科学合理的官员考评新机制。

三、综合推进城市规划管理制度改革

目前，我国城市规划管理体制的常见模式有三种：北京模式、上海模式和深圳模式，其他城市大多参照这三种模式。[①] 北京模式属于权力高度集中的管理模式，城市规划管理权全部集中在北京市城市规划委员会。上海模式与北京模式相反，属于权力高度分散模式，城市规划权在地方各个区县。深圳模式处于北京模式和上海模式之间，属于三级垂直管理模式。[②] 综合来看，北京模式效率较高，但决策缺乏民主，难以激发基层参与的热情；上海模式民主有余但集中不够，容易导致重视局部利益忽视整体利益和区域步调难以协调等问题；深圳模式兼顾民主与集中，效率与公平，是目前最成功的城市规划管理模式。就我国城市发展现状来看，过于集中或

---

① 焦晓云. 城镇化进程中"城市病"问题研究：涵义、类型及治理机制 [J]. 经济问题，2015（7）：7 – 12.

② 田莉. 我国城市规划管理的权限转变——对城市规划管理体制现状与改革的思索 [J]. 城市规划，2001（12）：30 – 35.

过于分散的城市规划管理模式都不利于城市可持续发展。在中国特色社会主义新时代，城市要满足人民日益增长的美好生活需要，就要积极探索新模式，不断推进城市规划管理制度的改革。

首先，出台相关规定，规范城市规划管理权。很多地方是以政府红头文件的形式规定城市规划管理权的，缺乏必要的法律效力，因此，地方政府最好出台相关法律法规，明确各级城市规划管理权限的划分，规范相应的责、权、利等；要明确各地区规划权限，加强市级机构对区县规划项目的审批，坚决杜绝片面注重区域利益和短期利益行为；城市规划要经过科学合理的程序来制定，一旦制定就要严格执行，各区域在权限范围内自由裁量判断，但不可越雷池半步。其次，进一步理顺市区（县）规划管理部门关系。借鉴深圳模式，坚持职权—事权统一、权力—责任统一的原则，进一步理顺市区（县）规划管理部门关系，市级规划管理部门应定位于城市规划的审批、管理和监督，要将具体规划权、职权和财权逐步下放给地方，地方与上级相互配合、共同发力，确保城市规划管理的科学有效。同时，要赋予街道社区一定的监督权和管理权，确保属地能够实现就地、就近、就便管理。再其次，加强基层规划管理机构的人员配备。规划管理权限下放到区（县）对基层规划管理部门的管理人员素质提出了新的更高要求，而在现阶段，仅仅依靠基层难以配备完整的队伍体系，因此，要加快配齐配强基层规划管理部门干部并加以必要培训，使之能够适应面宽任重的基层工作。需要指出的是，基层管理人员的任命要改变以往单纯由同级政府任命的形式，改为市级规划管理部门和同级政府共同任命，以提高工作效率。最后，构建多元参与的监督机制。规划管理职能下放可能会带来各种"山头主义"和局部利益，这就需要构建社区、民众和政府部门共同参与的多元监督机制，将权力下放的负面影响降到最低。当前可行的做法是，构建由地方人大、政府、专家组成的城市规划管理监督小组，通过对过程的审核监督，及时纠错纠偏，确保城市规划管理的高效运行。

四、建立健全生态环境保护制度

为人民群众提供优质的生态环境是环境治理的出发点和归宿①。破解城市生态环境难题，就要坚持人与自然和谐共生②，大力推进生态文明建设。近年来，我国在保护环境、恢复生态等方面采取了诸多措施，取得了重大成就。但整体来看，生态文明建设与经济社会发展并不协调，资源紧缺、环境污染、生态破坏等"城市病"日益成为经济发展的瓶颈，成为提高人民生活质量、提升人民幸福指数的重要障碍。

当前，我国生态环境保护不到位，主要与制度不全、监督不严、执行不力等因素有关。所以，新时代破除"城市病"，保护生态环境，其重点应放在建立健全制度上。首先，积极构建生态环境保护机制和监督机制。严格设定生态保护红线，在全国范围内确立互连贯通的生态环境监测网，对生态环境破坏行为启动严厉的追责程序，制定生态环境保护法律法规，提高基层人员执法水平与能力，逐步恢复城市生态系统的正常运行。同时还要构建"自上而下"和"自下而上"的监督机制，上级要树立权威，令行禁止，社会公众要积极参与，以合力推进城市生态系统功能的良好运转。其次，要建立最严格的耕地保护制度，严守18亿亩耕地红线。对基本农田画定红线，实施永久保护制度。将基本农田按照面积、用途、质量等绘图入库留存，责任到人，具体到户。除国家明文规定的重大项目外，城市一般项目和基本建设不得随意占用。同时还要实施耕地平衡机制，城镇化建设过程中占用耕地情况实行总量限制，在规定时间内用完耕地规模后停止建筑用地的使用；经讨论确有必要使用的，要对占用耕地进行补

---

① 孙秀艳. 治水岂能交差了事［N］. 人民日报，2018－12－01（009）.
② 习近平. 决胜全面建成小康社会　夺取新时代中国特色社会主义伟大胜利［N］. 人民日报，2017－10－28（001）.

偿，"占一补一、先补后占、占优补优"①，切实保护耕地的数量和质量。再其次，完善公共资源有偿使用制度。公共资源属于全民所有，任何单位和个人进行获利性使用都应该缴纳使用费。逐步扩大国有土地、矿产资源等公共资源的有偿使用范围，实施准入制度，严防国有土地上的大拆大建等破坏原有布局和自然环境等行为，矿产资源的使用要坚持谁使用谁负责的原则，对破坏自然环境和造成严重污染的行为永久追责。最后，探索多元化的生态补偿奖励约束机制。将生态环境的保护效果与租金、奖励、惩罚等激励约束措施结合起来，对保护生态环境成效显著的予以奖励；对成效不显著甚至破坏环境的行为给予处罚直至强制退出，对生态环境造成较大污染破坏的，依破坏程度予以补偿，造成重大后果的要追究刑事责任。此外，生态环境保护不是一朝一夕之功，要做好长期奋斗的准备。这就要求财政部门加大资金投入力度，构建长期稳定的投入机制，充分发挥市场的决定作用，推动政府和社会资本合作，形成合理高效的多元化投资融资机制。

---

① 中共中央国务院印发《生态文明体制改革总体方案》［N］. 经济日报，2015 - 9 - 22（002）.

第六章

城乡融合背景下中国"城市病"治理路径

"中国工业化和城镇化的过程，实际上也就是解决'三农'问题的过程，而'三农'问题仅依靠工业化和城镇化是不能完全解决的，还必须在推进工业化和城镇化的同时建设新农村、实现农业产业化或现代化。"[①] 发展不平衡不充分的问题在我国的乡村日益突出，农户空巢化、农村空心化、乡村凋敝的趋势日益凸显，"城市病"与"农村病"相互强化的趋势没有根本性改变，城乡发展不平衡、城乡不协调已经成为人民追求美好生活的突出制约和现实障碍。城乡融合是现代化的必由之路，我们要不断推进城乡之间的要素融合、产业融合、空间融合、文化融合，构建城乡一体融合发展的体制机制，实现"城乡要素自由流动、平等交换和公共资源合理配置，重塑新型城乡关系"[②]，走出一条具有中国特色的城乡融合发展道路。

第一节　有序推进农业转移人口市民化

人口问题是中国"城市病"治理的核心问题，推动农业转移人口市民

---

① 简新华，何志扬，黄锟．中国城镇化与特色城镇化道路 [M]．济南：山东人民出版社，2010：212.

② 2019 年新型城镇化建设重点任务 [EB/OL]．https：//www.ndrc.gov.cn/xxgk/zcfb/tz/201904/W020190905514350734079.pdf.

化是新型城镇化建设的首要任务。农业转移人口在"城市病"形成过程中扮演了"推动者"的角色，"城市病"在形式上表现为人口过度集中引发的各类问题。随着中国城镇化进程的加快，大量农村劳动力异地转移造成城市人口过于集中，不可避免地加剧了中国"城市病"的爆发。其中，农业转移人口难以融入城市是"城市病"产生的重要因素。在与市民的互构共变中，农业转移人口逐渐适应城市生活、遵守城市生活的基本规范、认同城市精神的生活方式。① 因此，积极推进农业转移人口市民化是治理"城市病"的有效途径。

一、推进"三个 1 亿人"战略纵深发展

中国（海南）改革发展研究院发起的"农民工市民化问卷调查"调查结果显示：85.39%的专家认为解决农民工市民化问题的关键在于中央政府的决策与加快相关体制的突破和出台配套政策。② 有效推进农业转移人口市民化必须考虑到农业人口占比大、市民化工作量重的实际情况，因此，国家顶层设计与配套政策的制定与出台在农业转移人口市民化过程中发挥着提纲挈领的作用，"三个 1 亿人"战略作为国家的顶层设计应运而生。所谓"三个 1 亿人"战略即到 2020 年促进约 1 亿农业转移人口落户城镇，改造约 1 亿人居住的城镇棚户区和城中村，引导约 1 亿人在中西部地区就近城镇化。当前，"三个 1 亿人"战略已顺利完成。但城市中依然还有为数不少的农民工没有落户，依然有为数不少的人居住在破旧城中村，西部地区依然有不少城镇人口不足。因此，要继续推进"三个 1 亿人"战略向纵深发展。

首先，继续推进农业转移人口落户城镇。要公布实施差别化落户政

---

① 刘荣. 西北城市农民工市民化研究——以 LZ 市为例［D］. 武汉：华中师范大学，2014：97.

② 中国（海南）改革发展研究院. 人的城镇化：40 余位经济学家把脉新型城镇化［M］. 北京：中国出版社，2013：189.

策,即按照城市群大小对农业转移人口实行差异性落户政策。城镇级小城市全面放开对农业转移人口落户限制,中等城市针对有住房意愿、合法职业以及固定住址的农业转移人口基本开放,特大城市则需对农业转移人口采取比较严格的落户政策,精准把控城市人口规模。探索实行转移支付同农业转移人口市民化挂钩机制,增加中央政府在促进农业转移人口落户方面的专项资金投入。允许地方通过特许经营等方式吸引其他社会资本投入,提高城市基础设施建设与公共服务质量,增加1亿农业转移人口落户城镇的信心与积极性。其次,持续改造城镇中的棚户区与城中村。"城中村"与"棚户区"作为农业转移人口赖以生存的据点,历来都是城市"脏乱差"的代名词,它的存在不仅严重妨碍到城市的规划管理,还因其治安与消防隐患对外来人口的生命财产安全产生了严重影响,因此,持续改造棚户区与城中村势在必行。要科学规划城市用地,创新土地使用政策;建立健全城市住房保障制度,将政府宏观调控住房基数与农业转移人口住房需求结合起来,增加城市廉租房与经济适用房的供给数量;加大对城市公共配套设施的资金投入力度,让农业转移人口以较低成本享受到较高质量的城市住房与基础设施服务。最后,引导农业转移人口在西部地区就近城镇化。长期以来,由于东中西部地区经济发展的不平衡,中西部地区城镇化速度与进程明显落后于东部沿海地区。继续引导农业转移人口在中西部地区就近城镇化对于推进中西部地区城镇化进程至关重要。要鼓励东部地区部分产业以在中西部地区开分公司与连锁产业的形式实现产业转移,带动中西部地区经济发展;提高中西部地区的产业聚集度,为农业转移人口提供更多就业岗位;强化中西部地区大城市对中小城市的辐射与带动作用,有选择地发展中西部地区的中小城市与县级城市,控制小城镇,综合施策提高其人口承载能力。

二、增加城市公共产品的有效供给

农业转移人口市民性的增强在有序推进农业转移人口市民化的过程中

显得尤为重要。让农业转移人口享受到与城市人口同等的就业、住房、教育、医疗、养老等公共服务，促使其自愿主动地接受与城市人口的融合对农业转移人口市民化进程的顺利推进具有加速作用。而同等公共服务的提供就需要依赖于城市公共产品有效供给的增加。政府是城市公共产品的供给主体，增加城市公共产品的有效供给是政府义不容辞的责任。现阶段，我国正处于公共产品的短缺时代，城市公共产品与服务的有效供给不足已经成为制约农业转移人口市民化的新瓶颈。[①] 因此，政府必须高度重视公共产品供给侧结构改革，通过优化公共产品供给结构，增加城市公共产品的有效供给。

首先，科学制定公共产品供给策略，实现公共产品供给"效益最大化"。必须强化政府增加公共产品有效供给的主体地位，发挥政府主导和引领作用。政府对公共产品投入情况的准确把握有利于提高公共产品的使用效益。通过制定公共产品的供给策略，一方面明确政府可承担的公共产品投入数量，即解决好政府增加城市公共产品有效供给后产生的财政问题，确保在现行投入标准基础上最大限度地增加公共产品的投入数量。落实中央政府责任，加大财政投入力度，推动公共产品财政投入责任上移，形成可持续发展的财政扶持链条。另一方面明确政府公共产品投入行为的质量，秉持公共产品和服务供给节约性的原则，调节公共资源分配，保证急需基础设施与民生保障性产品优先供给；推动城市公共产品供给侧结构性改革，增强城市公共产品供给结构对需求变化的适应性和灵活性，避免供需错位、供需脱节造成的资源浪费。

其次，增加城市公共产品的有效供给。政府作为公共产品供给主体的单一地位并不排斥其他社会资本供给的多元结构，政府应该积极谋求与其他社会资本的"协同供给"，通过投资补助、基金注资、担保补贴、贷款

---

① 焦晓云. 当代中国人的城镇化研究［M］. 长春：吉林大学出版社，2018：217.

贴息等方式支持社会资本参与重点领域建设,① 全面推进政府与社会资本合作,多渠道增加城市公共产品的有效供给。在确保城市公共产品供给数量能够满足包括农业转移人口在内的公众需求的基础上,进一步扩大公共产品供给的覆盖范围。

最后,扩大公共服务的覆盖范围,促进公共服务均等化、普惠化。通过完善公共服务需求表达机制与公共服务评价机制,双管齐下提高政府对需求把握的灵敏度;建立健全各种公共服务保障机制,尝试以居住证为载体,提高公共服务的覆盖面,使农业转移人口逐渐享受到同城市人口同等的公共服务。

三、提升农业转移人口的综合素质

农民工是农业转移人口的主力,他们在城市建设中发挥了重要作用,但由于其受教育的程度低,在择业就业方面受到限制,大部分从事的是体力劳动。随着中国经济结构的转型升级,这部分农业转移人口面临就业难甚至失业问题。没有工作,农业转移人口流动性大,城市落户率低,处于边缘状态的农民工与城市人口的深入融合就很难实现。因此,有序推进农业转移人口市民化必须实施农民工职业教育与技能培训②,有针对性地提高农业转移人口的素质,促使其提高劳动技能、改变价值观念、生活方式和行为习惯,更好地与城市人口相融合,以达到解决"城市病"的目的。

首先,要加强宣传教育,引导农业转移人口树立终身学习的观念。"在我国广大农村地区,终身学习的观念并没有广泛普及,这是提高农业转移人口素质的重要思想屏障"。③ 对农民工实施职业教育与技能培训包

---

① 国务院印发《关于创新重点领域投融资机制鼓励社会投资的指导意见》 [N]. 人民日报,2014 - 11 - 27 (002).

② 焦晓云. 当代中国人的城镇化研究 [M]. 长春:吉林大学出版社,2018:201.

③ 毛韩硕. 现代远程教育对提高农业转移人口文化素质的优势分析 [J]. 成人教育,2014 (12):47 - 49.

含着一个农民工知识转化的过程，终身学习的观念有利于增强农民工自主学习的主动性，发挥个体学习能动作用。要大力宣传终身学习的好处，以农民工集聚点为单位开展系统宣传活动，创新宣传载体与方式，将终身学习的观念渗透到农民工群体中。

其次，建立健全农业转移人口职业教育与技能培训的政策规划。对农民工开展职业教育，使其摆脱职业素养与职业能力低下的现状，对落实政府公共产品供给主体地位提出了新的要求。职业教育作为公共产品或准公共产品的一部分被囊括在政府应提供的公共产品范围之内，因此，政府必须制定一系列保障农民工职业教育与技能培训的法律法规，推进农民工职业教育与技能培训系统化、规范化和制度化;[①] 拟定农民工职业教育与技能培训常规条例，明确日常工作部署，确保按时完成教育与培训任务;出台农民工职业教育与技能培训效果考核方法，严把质量关。

最后，推动农业转移人口职业教育与技能培训工作的落实。近年来，农民工职业教育与技能培训对提高农业转移人口素质发挥了重要作用，切实提高了一部分农民工的综合素质，但是也存在着搞形式主义、走过场、应付检查等"空泛化问题"。这就要求落实农业转移人口职业教育与技能培训工作，在充分考虑农民工接受程度的基础上创新职业教育与技能培训的教学方式，采取灵活多变的教学手段，将理论与实操结合起来，调动农民工的积极性与主动性。农民工职业教育与技能培训要以农民工所在工作单位与社区为承载点，落实工作单位与社区负责人的主体责任。建立农民工职业教育与技能培训监督机制，依照考核办法对其教育过程与教学效果进行阶段性、实时性监督与评估，确保农民工职业教育与技能培训工作落到实处。

四、调适城市对外来人口的排斥心态

推进农业转移人口市民化不仅要从农业转移人口一端发力，城市人口

---

① 焦晓云. 当代中国人的城镇化研究 [M]. 长春:吉林大学出版社，2018：202.

一端也同样需要兼顾。城市本地人口对外来人口的排斥心态也是推进农业转移人口市民化过程中需要解决的一大问题。由于城市经济发展速度快于农村,城市人口在社会资源与竞争方面占据优势,久而久之便在心理上形成了"本地人"的身份优势意识,相对于城市本地人口来说,农业转移人口始终是"外来群体"。再加上大量农业转移人口进城后,城市交通拥挤、环境污染、犯罪率上升等一系列城市问题出现,在双重因素的推动下城市人口对农业转移人口的排斥与歧视心态滋生。因此,有效治理"城市病",推进农业转移人口市民化,必须改善城市对外来人口的排斥心态。

首先,农业转移人口必须调整心态,注重自我综合素质的提升。农业转移人口作为外来人口,在城市生活的过程中可能会因为遭受城市本地人口的排挤与冷漠而产生消极心态,对融入城市产生抗拒心理。面对这种情况,外来人口必须注重自我心态的调整,避免消极心理扩大化、极端化,同时重视自我综合素质的提升。职业技能作为外来人口综合素质的体现是其快速融入城市的基础。因此,农业转移人口要积极参加职业教育与技能培训,找准自身城市价值定位,通过职业改变边缘化状态,重塑农业转移人口形象。

其次,引导城市本地人口消除歧视心理,树立平等包容观念。排斥心理是城市人口的一种主观状态,对其的消除只能采取"润物细无声"的形式。要加大对城市本地人口的宣传教育,营造人人平等的社会舆论环境。[①]发挥大众媒体特别是网络媒体的作用,将线上宣传与线下宣讲有机结合,向城市人口宣传农业转移人口对城市建设与经济发展的贡献,引导城市人口客观评价外来人口。鼓励城市人口主动了解农业转移人口的生活方式与价值取向,切身实际地改变城市人口的主观偏见。

最后,明确城市其他主体的责任,发挥其辅助作用。政府作为城市的管理者,应该落实自身的服务职能,采取一系列措施解决城市交通拥挤、环境污染等给城市居民生活造成不便的城市问题,缓解城市本地人口对农

① 焦晓云. 当代中国人的城镇化研究[M]. 长春:吉林大学出版社,2018:207.

业转移人口因为城市问题造成的排斥心理，为农业转移人口创造融入城市的轻松氛围。居民区负责人与社区负责人应积极开展城市人口与农业转移人口的交往活动与娱乐项目，加深二者的交往，在交往中体现农业转移人口的质朴热心本性，改变城市人口对农业转移人口的刻板印象，消除城市对外来人员的排斥心理。

第二节　全面提高城市治理现代化水平

党的十九大报告指出，要积极推进社会治理制度建设，提高社会治理的法治化、社会化、智能化和科学化水平[①]。城市治理是社会治理的重要组成部分，提升城市治理的科学化水平要培育城市治理的多元参与主体，以法治思维、科学思维、大数据思维推动城市治理的法治化、精细化和智能化。在中国共产党的坚强领导下，城市治理要抓法治、抓管理、抓服务，切实提高城市治理的科学化水平。

一、深入推进法治化治理

"法治是治国理政的基本方式。"[②] 法律是国之重器，良法是善治的基础。依法治国是破解发展困局、激发社会活力、维护社会公正、促进社会和谐、确保国家稳定的基本要求。市场经济条件下，城市治理要以法治建设为保障，积极推进城市治理的法治化。法治比人治更可靠，法律是摒弃了人的欲望的理智，它总在能力范围之内作出最合适的抉择。[③] 从本质上

① 习近平. 决胜全面建成小康社会　夺取新时代中国特色社会主义伟大胜利［N］. 人民日报，2017 – 10 – 28（001）.
② 胡锦涛. 坚定不移沿着中国特色社会主义道路前进 为全面建成小康社会而奋斗［N］. 人民日报，2012 – 11 – 18（001）.
③ 亚里士多德. 政治学［M］. 颜一，秦典华，译. 北京：中国人民大学出版社，2003：110 – 111.

分析，法治思维就是"将法律作为判断是非和处理事务的准绳"①，坚持以法律手段处理发展中遇到的一切问题。城市治理法治化就是要善于运用法治思维和法治方式解决各类"城市病"。

首先，推进城市治理法治化需要完善法律法规和抓紧立法。当前城市治理的法律难以完全体现精细化治理的需要，必须及时修订。城市为人们生活得更加美好而服务，城市治理的法律也应坚持这一原则，要最大限度地满足人民对美好生活的向往，不断为增强人民的获得感、幸福感、安全感服务。同时，要加快填补法律空白的步伐，使城市治理能够有法可依。城市治理不是"过家家"，它要解决城市中的各类问题，凡是不以解决现实问题为目的的法律都是没有生命力的。

其次，推进城市治理法治化需要坚持有法必依、执法必严。法律法规制定以后必须坚决执行，使其充分发挥作用，特别是在城市日常管理中。城市日常运转会产生大量"负面行为"，如果处理不当很容易积累成"城市病"，不但影响市容市貌，更会损害人民健康，比如，垃圾乱放、噪声污染、随意排污、违规建筑、破坏公共设施等行为。城市治理要严格执法，对违反法律法规的行为可以先警告，告知当事人再犯的后果，能够改过的既往不咎，屡次再犯的严格处理。这就能够正确区分出无意犯错和故意犯错的人，给无意之人以机会，给故意之人以严惩。

最后，加强对城市治理的法治监督。城市治理不是法外之地，任何人都要在法律规定下办事。要通过立法加强对城市执法人员的监督，对城市治理进行全面规范，避免因执法失误或执法不作为而对社会带来危害。同时，还要拓宽渠道增加群众对城市执法的知情权和监督权。②

此外，依法推进城市治理还要坚持"刚柔并济"。在经济社会发展滞后的地方，人们的文化教育水平较低，法制观念和法治思维并未完全形成，他们的思维方式和价值观念有其特殊性，这给城市治理提出了更高的

---

① 杨永加. 习近平强调的思维方法［N］. 学习时报，2014 – 09 – 01（003）.
② 郝洪. 城市精细化管理要着力法治化［N］. 人民日报，2017 – 07 – 21（005）.

要求，既要严格依法办事，又要注意执法的方式方法、把握好尺度。因此，这些城市的管理者要探索和创新执法方法，坚持依法办事和为民服务并重，坚持惩治与教育相结合。

二、扎实推进精细化治理

城市治理精细化是国家治理现代化的客观要求，是城市应对"城市病"集中出现的现实选择。所谓城市治理精细化，指的是以科学思维为指导，坚持法治理念、人文关怀、科学精神相结合，通过精准的制度安排、精细的流程跟进和精微的问题治理，将城市治理由传统模式向多元、个性、差异等为特征的新模式转型，被动应对向主动处置转变，实现城市治理精准和精细。[①] 在城市治理中，"工具理性"往往超越"价值理性"，这使得城市治理过程中过于注重应用现代信息技术和治理现有问题，而对如何提升人民的获得感、幸福感和安全感重视不够，与共建共享的城市发展逻辑背道而驰，因此，城市精细化治理还要坚持科学的思维方法。科学的思维方法是我们的工作从胜利走向胜利的重要法宝[②]，治理"城市病"必须坚持科学思维方法，以"绣花"功夫推进城市治理的精细化。

城市治理精细化是复杂的整体工程，需要多方联动协同推进。首先，要加强对城市治理精细化的顶层设计。近年来，各地对城市治理精细化进行了各种各样的探索，构建了种类繁多的治理体系，但这些基层创新的成果并未得到国家的公开承认，还处于地方自发和无组织阶段，目前迫切需要确定城市精细化治理的主管单位，确定其对城市治理的管理职责和相应边界，以解除目前城市治理的尴尬境地。值得一提的是，当前地方城市治

---

① 唐皇凤. 我国城市治理精细化的困境与迷思 [J]. 探索与争鸣，2017（9）：92–99.
② 刘云山. 深入学习掌握习近平总书记系列重要讲话贯穿的马克思主义立场观点方法 [N]. 学习时报，2017–5–31（A02）.

理中出现了向传统模式回归的趋势，虽然有经验优势，但传统确保城市稳定的管理定位与新时代城市治理精细化的新要求并不完全吻合，甚至在很多地方存在某种冲突，需要引起注意。其次，将社区社会组织作为城市精细化治理的突破口。城市治理盘根错节，需要找到关键点和突破口。社区社会组织是城市治理的基层支撑力量，能够调动民众参与的积极性和主动性，能够整合社区资源作为参与"城市病"治理的重要力量。社区社会组织直接与社区方方面面发生联系，特别是对城市的垃圾处理、交通违规、废气排放、语言文明、政策宣传等发挥着不可替代的作用。充分发挥社区社会组织作用，对"城市病"预防和治理具有重要意义。最后，辩证处理好现代技术与个人隐私的关系。现代信息技术是"双刃剑"。一方面为城市精细化治理提供技术支撑，提高了治理的精准度和靶向性；另一方面也为个人隐私泄露埋下了伏笔。随着物联网、大数据、云计算等现代信息技术在城市治理中的日益广泛应用，城市治理的科学化程度大大提升，但与之相伴生的是个人隐私的频繁泄露，[①] 个体权利屡次被侵犯。所以，城市治理需要处理好技术与隐私的辩证关系，正视不同群体的利益诉求，决不能以牺牲人民隐私等利益为代价片面追求城市治理的精细化效果。

三、系统推进智能化治理

"智慧城市"是消除"城市病"、提升城市治理能力、提高居民生活水平的重要途径。以物联网、大数据、云计算等为代表的现代信息技术为治理"城市病"、发展智慧城市、提高人民生活质量提供了新的技术手段和多种可能性。2016年2月6日的《中共中央 国务院关于进一步加强城市规划建设管理工作的若干意见》指出，要积极推动城市治理的智能化，推动大数据、云计算等现代信息技术与城市治理的耦合发展，提高城市治

① 李政葳. 大数据时代，如何保护用户隐私［N］. 光明日报，2018－12－04（010）.

理水平。^① 科学技术是发展的强力引擎,它为城市发展和人民幸福作出了巨大贡献。互联网改变了人们的生产生活方式,甚至改变了人们的价值观,"互联网+"为城市发展指明了道路。"互联网+城市治理"指的是坚持互联网思维和大数据思维,通过现代信息技术将互联网与城市治理联通起来,形成以互联网为技术支撑和创新要素的经济社会发展新形态。^②这种情况下,传统的粗放式城市管理难以适应信息时代快速发展的步伐,必须作出改变,积极推动城市治理的智能化,构建智慧城市。

"互联网+城市治理"是治疗"城市病"的重要手段和重要途径,其中,大数据和云计算是最核心的支撑技术。首先,推进城市云端工程建设,实现城市全方位的互联互通。虽然经过几十年发展,城市互联网基础设施建设已经有了突飞猛进的发展,但距离智慧城市所需要的带宽和网速还有很大差距,因此,要大力发展5G技术,积极构建城市云端基础设施,实现城市的全面互联互通。同时,要提高数据采集和计算的智能化水平,以便为城市治理提供真实可靠的数据支撑。比如,杭州采用城市大脑系统后,城市交通拥堵由原来的全国前三迅速下降到全国第30位。其次,构建公共信息处理平台和跨部门信息共享平台。信息化时代,每个部门每个节点都会产生海量数据,如公路摄像头拍照、房产登记信息、就医记录等^③,这些数据能否有效利用,决定着城市的智慧和智能程度。大量数据需要能够轻松容纳并迅速进行处理的公共信息处理平台。长期以来,城市每个部门都是独立运行的,其产生的数据也是孤立的,因此,要构建跨部门的信息共享平台,打破信息孤岛现象,实现不同部门之间数据的共享,积极推进智慧交通、智慧医疗、智慧教育、智慧安防、智慧生活等。最后,加快城市数据共享的立法工作。目前,城市数据主要掌握在政府手

---

① 中共中央 国务院关于进一步加强城市规划建设管理工作的若干意见 [N]. 人民日报, 2016 – 02 – 06 (006).

② 国务院关于积极推进"互联网+"行动的指导意见 [EB/OL]. http://www.gov.cn/zhengce/content/2015 – 07/04/content_10002.htm.

③ 徐继华,冯启娜,陈汝贞. 智慧政府 [M]. 北京:中信出版社,2014:90 – 91.

中，如果数据能够开放给社会使用，通过数据整合综合决策，将会给城市带来更多更大的价值和效益。但是，数据能否公开、向谁公开、公开到什么程度目前还没有统一的规定，虽然有的地方已进行了积极尝试，但应该有相关方面的立法跟进。以法律形式对各类数据进行分类分级，规定各类数据共享的形式和内容，对确保个人隐私数据不泄露作出硬性规定，同时加以监管和监督。

四、整合推进多元化治理

新型城镇化是以人为核心的城镇化，新型城镇化建设的目的是让更多人享受现代化和城镇化建设成果。所以，满足人民日益增长的美好生活需要是城镇化持续推进的不竭动力。在"城市病"集中发生的特殊时期，政府责无旁贷地是"城市病"治理的主要责任人，但是单纯依靠政府治理很难满足多元需求。社会需要的日益多元决定了城市治理和"城市病"治理要打破以往政府单打独斗的格局，积极培育城市治理和"城市病"治理的多元化参与主体。古希腊哲学家亚里士多德曾经指出，由财富相对充裕、知识相对丰富的中产阶层组成的城邦更容易得到良好治理，因为这与城邦本性相符合。[①] 多中心治理已经成为城市治理的重要趋势和鲜明特色，也为治理"城市病"奠定了坚实基础。

建立健全公众广泛参与的社会治理体系，推进社会治理的精细化。多元化参与主体主要包括社会组织、营利性组织和人民群众。首先，社会组织是第三部门，它独立运行，较少或不受政府干预，能够以独立的第三方的身份参与城市治理，它们行事风格灵活多样，更懂得人民的需求，提供的服务也更能满足人民的需要。政府应充分认识到社会组织在城市治理中的重要作用，适当予以政策倾斜，使其能够更好发展，更好地在城市治理中发挥应有作用。其次，营利性组织主要通过向城市提供公共产品和社会

---

① 亚里士多德. 政治学 [M]. 颜一，秦典华，译. 北京：中国人民大学出版社，2003：138.

服务的形式参与城市治理。这是新形势下政企合作的新趋势，也是整合资源、发挥综合优势的重要途径。营利性组织有公有制企业，也有非公有制企业，公有制企业参与城市治理需要取得准入资格，非公有制企业参与社会公共产品的提供需要得到政府的行政许可。非公有制企业的参与包括两种形式，一种是政府监督企业完成公共产品的提供，一种是企业自主完成公共产品的提供。最后，公众广泛参与。公众参与不是特指某一个或某几个领域的有限参与，而是主动全面地参与。公众参与城市治理就是要参与那些事关他们切身利益、事关城市长远发展的政策法规的制定、实施的各方面和全过程。整体来看，城市治理的顺利有序推进必须要有制度保障、政府主导以及社会组织和公众的广泛参与。因此，长远来看，政府还要出台相关规定，解决当前民众参与城市治理形式化、表面化的弊端，规范民众参与的内容和形式，切实发挥民众"参政议政"的作用。

第三节　大力推进农业农村现代化

党的十九大报告首次提出了"农业农村现代化"这一命题①，这意味着对我国前期的以城市为中心的现代化建设作出了重要调整，农村成为新时代我国现代化建设的新靶点。改革开放以来，随着新农村建设和农业现代化的推进，农业农村有了很大发展，但是与城市的繁荣昌盛相比，农村还有很长的路要走。2018 年，在中共中央政治局第八次集体学习时，习近平总书记指出，没有农业农村的现代化就没有国家的现代化②。事实上，农业农村现代化和城镇化是发展的两个方面，农业农村现代化的推进能够为城镇化提供劳动力等各类资源，城镇化的发展又为农业农村发展带来资

---

①　习近平. 决胜全面建成小康社会　夺取新时代中国特色社会主义伟大胜利［N］. 人民日报，2017－10－28（001）.

②　把乡村振兴战略作为新时代"三农"工作总抓手　促进农业全面升级农村全面进步农民全面发展［N］. 人民日报，2018－09－23（001）.

金、技术和人才。可以说，农业农村的发展和提升也是城镇化的重要内容。[①] 所以，治理"城市病"不能只在城市发力，更要关注国家战略布局，积极推动乡村振兴，实现农业农村的现代化。农业农村现代化是治理"城市病"的间接路径。

一、加强农村基础设施建设

完善完备的基础设施是农业农村现代化的重要内容，也是乡村振兴和全面建成小康社会的重要物质支撑。改革开放以来，在各级政府的关切下，农村的水电路信和污水垃圾处理等基础设施建设有了显著改善。[②] 但由于历史欠账太多、资金投入不足、制度建设滞后、农民参与不强等原因，农村基础设施建设整体滞后，难以满足农业农村发展和农民对美好生活的需要。根据国家发展战略重点和农村基础设施建设实际，新时代我国农村基础设施建设将集中在水电路信和污水垃圾处理等方面，国家将加大投入资金力度，加快补齐农村基础设施建设短板[③]。

加强农村基础设施建设是改善农民人居环境、不断增强农民获得感、幸福感的重要举措，是缩小城乡差距、实现乡村振兴的必要条件。当前阶段，完善农村基础设施需要打出"组合拳"，共同发力。首先，拓宽融资渠道，构建多元投入机制。农村基础设施的公益属性决定了政府是投资主体，政府可以通过"直接投资、投资补助、资本金注入、财政贴息、以奖代补、先建后补"等方式彰显其在基础设施建设中的主导作用。[④] 同时，积极构建多元投入机制，打破融资壁垒，吸引社会资金进入基础设施建设

① 陈建辉. 规划好三种农民的城市化 [N]. 经济日报，2005 – 08 – 03 (013).
② 国务院办公厅《关于创新农村基础设施投融资体制机制的指导意见》印发 [J]. 中国信息化，2017 (3)：21.
③ 中共中央国务院印发《乡村振兴战略规划（2018—2022 年）》[N]. 人民日报，2018 – 09 – 27 (001).
④ 曲一歌. 创新投融资体制机制　补齐农村基础设施短板 [N]. 中国经济导报，2017 – 03 – 03 (A02).

领域，坚持"公益性项目、市场化运作"原则，鼓励政府与社会资本合作；鼓励农村银行放宽对农村基础设施建设项目的贷款条件，积极参与乡村振兴的伟大实践。其次，探索农村基础设施科学高效的管理运营模式。构建农村基础设施护养经费保障机制，在基础设施建设伊始就要考虑护养经费的来源及保障问题，并将其纳入建设经费预算，可以考虑"政府拨款—乡村补贴—农民自筹"相结合的模式，改变以往重建设、轻管理的做法，做到日常管理、经常维护、损坏修理、及时更新，确保农村基础设施建好后能够发挥最大作用；同时还要明确养护主体，落实养护责任，要具体问题具体分析，对不同性质的农村基础设施实行不同的养护模式。最后，发挥主人翁作用，激发农民的参与热情。农民是乡村振兴的主体，加强农村基础设施建设必须发挥农民在基础设施建设的决策、资金、建设、养护等事项中的主人翁作用。要坚持以农民利益为中心，把立足点放在农民的获得感和幸福感上，通过制定惠民政策和树立典型等引导农民主动参与农村基础设施建设，通过宣传、示范、奖励等措施引导农民主动自愿投入劳动、资金、财物，共同搞好农村基础设施建设，为乡村振兴和美丽幸福家园建设贡献自己的力量。

二、加强农业农村人才队伍建设

人才是最可宝贵的资源。实现农业农村现代化必须构建一支心系农村、热爱农业、技术过硬、行动有力的人才队伍。加强农业农村人才队伍建设，首要的是创新农业农村人才队伍建设机制，制定并完善相应政策措施，积极探讨农村集体经济组织人才加入机制，为农业农村现代化建设队伍引得来、用得上、留得住提供基本保障①。从根本上改变以往唯学历、唯职称论英雄，而农村实用人才、专业人士闲置、荒废、外流的传统作

---

① 2019 年新型城镇化建设重点任务 ［EB/OL］. https：//www. ndrc. gov. cn/xxgk/zcfb/tz/201904/W020190905514350734079. pdf.

法，将农村实用人才、农业技术专家、大学生"村官"等同高学历高职称人才一道，纳入乡村振兴和农业农村现代化的人才信息库。坚持以适用为根本导向，从政策、收入、福利等各方面提高农业农村人才队伍待遇①，特别重视"田秀才""土专家"的培育培养培训，努力打造"永久性"的本土人才队伍。

新时代加强农业农村人才队伍建设，需要在引进、稳定、使用农村实用人才、农业技术人员、大学生、回乡创业者等事项上下功夫。（1）加强农村实用人才队伍建设。农村与城市不同，不能将发展寄希望于大批高职称高学历人才，只能就地取材，挖掘并培养本土实用人才。第一，积极把农村实用人才纳入人才计划并予以政策和财政支持，他们是乡村振兴和农业农村现代化的真正依靠力量。第二，定期对农村实用人才和有培养前途的职业农民进行技能和文化培训，及时更新技术和知识；组织农村实用人才到现代农村示范区和优秀农村合作社进行考察交流，学习先进经验；有经验的老同志要引导帮助有知识没经验的年轻人尽快了解并适应农村工作。第三，健全评价机制，条件成熟后可以尝试推行职业农民的职称等级评定。② 职称评定要改变以往以考试为主的评定方式，将认定重点放在技术技能层面，以实际操作能力和水平作为主要考核内容，尽量减少与实际工作无关的考试在考核中所占的比重。此外，还要简化相关办理手续。第四，可以考虑实用人才县域范围内的统筹使用，根据县域发展需要和乡村振兴的实际情况作出协调，最大限度发挥农业实用人才的作用。③ （2）引导专业技术人员来到并留在农村。通过制定各项政策引导农业技术人员有意识有目的地向农村流动。建立健全城市人才入乡激励机制④，鼓励农业

---

① 中办国办印发《关于提高技术工人待遇的意见》[N]. 人民日报，2018－03－23（001）.
② 中办国办印发《关于分类推进人才评价机制改革的指导意见》[N]. 人民日报，2018－02－27（001）.
③ 中共中央国务院关于坚持农业农村优先发展做好"三农"工作的若干意见 [N]. 人民日报，2019－02－20（001）.
④ 中共中央国务院关于建立健全城乡融合发展体制机制和政策体系的意见 [N]. 人民日报，2019－05－06（001）.

技术人员深入基层服务农村，对于深入基层的农业技术人员在物质激励和职称评定等方面要予以优惠。环境和待遇是农村留不住人的主要原因，所以，基层农村在力所能及的范围内要积极改善下乡农业技术人员的环境待遇，使其能较为安心地服务于"三农"。相应的激励政策也应该同样适用于本地农业技术人员，在引进外来人才的同时才能够更好地留住本地人才。事实上，本地人才往往对本地农业农村农民更有黏着力。（3）鼓励大学生和返乡农民工在农村发挥聪明才智。大学生和返乡农民工是乡村振兴和实现农业农村现代化的重要力量，他们往往掌握着农民所不具备的新理念、新技术、新方法，在开发农村资源、发展特色产业、繁荣农村经济等方面发挥着并将发挥出更大作用。① 农村要结合自身的资源禀赋和现实需要，设置各种岗位，为大学生、返乡农工等各类人才搭建平台，留足发展空间；完善农村基层的职务晋升、职称评定、工资待遇、社会福利等各种保障措施，为各类人才在农村大展宏图创造良好的政治环境；政府可以考虑以项目激励大学生到农村创新创业，政府为高校毕业生提供基层创业服务项目，以项目吸引人留住人。② "自带项目"既可以带动农村经济发展，又为大学生实现个人价值铺平了道路。

三、加强科技支农惠农力度

农业的基本保障功能和第三产业的弱质属性要求加快农业技术的创新发展，实现农业农村现代化。考察世界各国，经济的发达程度与科技在农业发展中所占比重呈正相关关系。③ 农村的出路靠技术，农业现代化的核心动力是科技创新。城乡融合背景下发展现代农业，科技创新是关键。农业发展方

---

① 国务院办公厅关于支持返乡下乡人员创业创新促进农村一二三产业融合发展的意见 [N]. 农民日报, 2016 - 12 - 10 (005).
② 中共中央办公厅国务院办公厅关于进一步引导和鼓励高校毕业生到基层工作的意见 [N]. 中国劳动保障报, 2017 - 01 - 25 (002).
③ 邹继业. 论我国社会主义农业现代化建设 [D]. 北京：中共中央党校：1998：55.

式决定着科技创新的内容和方向，科技创新的内容和方向又决定着农业现代化能否实现。可以说，科学技术是乡村振兴和实现农业农村现代化的"先手棋"和"基本功"。据统计，科学技术对我国农业发展的贡献率已经由2012年的53.5%上升到2017年的57.5%，农村科技创新整体实力大幅提升。①新时代实现乡村振兴的伟大壮举，实现农业农村的现代化，必须坚定不移地走科技兴农的道路，不断提高科技进步对农业农村的支持力度。

首先，明确农业技术创新的内容和方向，强调技术创新的适用性和先进性。改革开放40多年来，我国农业技术创新取得了很大成就，但与发达国家相比还有很大差距，不能满足人民美好生活对现代农业的新需要。新时代推进农业技术研究和创新，首要的是明确技术创新的重点和方向，要着力在基础性、适用性、前沿性、公益性的项目上下功夫，当前阶段主要是在生物科技农业、节水灌溉技术、农机装备技术和良种创新技术等方面有所突破②，努力打造既解决农民美好生活所需的粮食问题，又创建属于自己的粮食品种品牌。未来相当一长个时期内，小农户依然是我国农业经营的主要形式，所以还要加快研究适用于小农户个体家庭的实用轻简型装备和技术。③

其次，大力推进农业技术的自主创新。创新驱动是我国经济发展的必由之路，总体来看，我国农业发展仍然是要素驱动为主，创新驱动为辅。必须大力推进农业技术的自主创新，实现创新驱动农业农村的现代化发展。充分整合高校、科研院所、创新型企业等研发主体，搭建集研发、转化、推广于一体的产学研创新平台，为农业技术的原始创新铺设道路；缩短优化技术转化的实践和路径，加快对引进技术的学习消化速度，尽快完成引进消化吸收的过程，以此为基础最大程度地实现再创新，争取早日实现技术自主；推进县域范围内的技术协同创新，将农业技术在县域范围内推广共享，积极开展县域范围内技术合作与集体攻关，推动农业技术资源

---

① 常理. 我国农业科技进步贡献率达57.5% [N]. 经济日报，2018-09-21 (004).
② 孙纲. 黑龙江县域农业现代化路径选择研究 [D]. 哈尔滨：东北林业大学，2016：93.
③ 中办国办印发《关于促进小农户和现代农业发展有机衔接的意见》 [N]. 人民日报，2019-2-22 (001).

的共创共用。

最后，加快农业技术推广，解决技术应用"最后一公里"。农业技术创新成果的应用是技术创新价值的根本体现，技术创新成果被束之高阁，这种创新就没有意义。加快农业技术推广是实现农业技术创新价值的主要途径，也是连接农业技术与农业农村现代化的桥梁。将地方高校、科研院所、企业、农业合作社等纳入技术推广体系，将最新研究成果第一时间应用于农业生产实践，经过实践检验后再不断完善，实现产学研一条龙；依托现代信息技术搭建共享平台，为农民提供最新的农业信息、农业知识和农业技术，确保科技创新成果真正应用于农业生产；构建技术员田间推广机制，选取农民中科学素质和劳动技能较高的人才并将他们培养为农业技术推广员，这既解决了城里人不能长期驻村的难题，也能保证技术员走向田间地头手把手进行生产指导；依托移动互联技术搭建信息化推广平台，确保农民能第一时间接收到最新农业信息和技术创新成果等相关信息。

四、加强农业经营方式创新

改革开放初期，我国农村普遍推广了家庭联产承包责任制，极大解放并发展了生产力。40多年后，一家一户单打独斗的农业经营模式很难适应现代化大生产的需要。经济发展到一定程度，分散经营向规模经营转变是历史的必然。虽然我国农村的土地流转政策已经实施一段时间，但总体处于自发状态，没有形成制度和规模，难以满足乡村振兴和农业农村现代化发展的需要。因此，创新农业经营模式，实行适度规模经营，不断延伸农业产业链是新时代农村农业发展的必然趋势。新时代，要积极引导企业和小农户创建农业产业化联合体，通过多种方式与农民形成利益共同体和命运共同体。①

---

① 中办国办印发《关于促进小农户和现代农业发展有机衔接的意见》［N］. 人民日报，2019－02－22（001）.

首先，农业产业化经营是实现农业农村现代化的必由之路。"农业产业化是我国农业经营体制机制的创新，是现代农业发展的方向。"① 在农业农村现代化过程中，农业产业化是连接农业小生产和社会大生产的重要桥梁。事实上，具备条件的农村发展特色产业，不仅能够吸纳大量农业剩余人口非农就业、带动农村经济的快速发展，而且可以为农业先进技术的应用和农村土地的适度规模经营创造条件。乡村振兴的过程中，农村地区要抓住机遇，深入挖掘自身的资源禀赋和特色优势，积极创新农业经营方式，发展自己的特色主导产业，因地因时制宜，宜工则工、宜农则农、宜林则林、宜旅则旅，坚决杜绝同质化、无序化竞争，在城乡融合发展过程中发挥生态优势和产业优势，坚定不移走"一村一品、一乡一特、一县一业"② 的美丽乡村道路。

其次，探索农业专业合作新模式，实现适度规模经营。以农村土地确权登记为基础，鼓励引导小农户通过"转包、出租、互换、转让、入股"③ 等形式将土地流转出去，实现农地的适度规模经营。根据现有探索经验，农村正在探索的农业专业合作社主要有三种：一是龙头企业带动的农民专业合作社。这种模式对当前农村较为普遍。其做法是鼓励龙头企业以资金、技术、管理、营销等与小农户合作，形成"公司＋农户、公司＋农民合作社＋农户"等④形式的农民专业合作社，探索订单收购、定期分红、保底收入等形式的长期合作机制，带动农民共同发展。二是专业大户带动的农民专业合作社。这种模式适合农民专业合作社的初期。专业大户由于具备敏锐的洞察力和准确的分析力，他们对市场形势和走向往往有比较准确的判断，能够意识到联合作战可以带来更多收益。因此，专业大户主动联合小农户通过共享资金、技术、信息等实现扩大规模、增强竞争力

---

① 国务院关于支持农业产业化龙头企业发展的意见 [J]. 中华人民共和国农业部公告，2012（3）：30－34.

②④ 中办国办印发《关于促进小农户和现代农业发展有机衔接的意见》[N]. 人民日报，2019－2－22（001）.

③ 国务院办公厅关于加快转变农业发展方式的意见 [J]. 农村工作通讯，2015（16）：7－11.

的目的。三是特色产业带动的农民专业合作社。这种模式适合地方非农产业有了一定发展并初步形成自己特色的农村。有些地区有良好的资源禀赋和产业基础，它们可以以主导产业和特色产品为核心组建合作社，不断探索"延长产业链、保障供应链、完善利益链"的有效方式，把尽可能多的小农户吸纳到现代农业产业体系中来。[1] 值得注意的是，在我国一些地方，土地流转实行规模经营有了新探索，就是农户先把土地流转给村集体或者村合作社，由合作社再转包给龙头企业、种田大户等，产生了非常好的实践效果，一定程度代表了未来的方向，需要进一步研究完善和加大推广力度。

最后，利用现代信息技术创新农业营销方式。加快推进物联网、大数据、人工智能等对农村农业农民的全覆盖，培训增强农民现代技术的应用能力，助力农民登上现代信息技术的快车；支持有条件的地方建设互联网云农场[2]，在农业机械化的基础上逐步推进农业的现代化，不断提高农业劳动生产率；大力发展"农村淘宝"等电子商务，搭建服务到村的现代便捷运输网络，突破物流和信息瓶颈，为农民实现网络购销铺设道路。

第四节　统筹推进"农村病""城市病"协同治理

当前，"农村病"和"城市病"已经成为制约新型城镇化和乡村振兴发展的主要阻碍因素。城市要"缓解压力"，农村要"增加人气"，新型城镇化建设与乡村振兴战略就必须同声相应、同气相求。积极推进"农村病"和"城市病"协同治理，已经成为新时代城乡融合背景下"城市病"治理的题中应有之义。

---

①② 中办国办印发《关于促进小农户和现代农业发展有机衔接的意见》［N］. 人民日报，2019－02－22（001）.

一、优化城乡资源科学合理配置

资源配置能力即政府在城乡社会资源的综合调控能力，包括资源的集中与分配。受历史与现实的双重制约，城乡资源的不合理配置已经背离城乡统筹发展的初衷，阻碍城乡进步。优化城乡资源配置，农村是关键。从以往的发展过程来看，城乡资源配置主要依靠政府"看得见的手"和市场"看不见的手"交互作用来调节，最终形成了一套以城市为中心的资源配置模式。为此，要坚决破除妨碍城乡要素流动的制度性障碍，推动各类要素向农村流动，"在乡村形成人才、土地、资金、产业、信息汇聚的良性循环"①，推动城乡一体化建设，提升乡村整体实力，促进城市健康发展，使城乡居民共享社会资源，尽可能享受到公平的待遇，有效治理"城市病"难题。

首先，要增加生产性要素投入，资金、技术、人才等重点向有需要的农村地区倾斜，在要素流动中优化资源配置。努力打破城乡之间要素流动的壁垒，对于农村发展中确有需要的支出，财政部门应适当放宽投入条件，给予必要支持；选派高知识群体、高层次人才服务农村，鼓励优秀人才扎根农村，优化城乡人才资源配置；推进农业现代化建设，打造现代化农业产业园区，"产业＋科技""农业＋大数据"等新模式要逐步展开。

其次，进行改革创新，努力破解农村发展难题，去除体制机制性障碍，在城乡统筹发展中优化资源配置②。高标准倒逼高质量，高质量推动优发展。在城乡融合发展层面，不仅要创新政治制度、管理体制、运行机制，还应在资源配置上不断改革，加以创新，打造城乡资源配置的合理优化布局。在教育教学、医疗卫生、社会保障等主要领域大胆创新，运用互

---

① 中共中央国务院关于建立健全城乡融合发展体制机制和政策体系的意见 [N]. 人民日报，2019－05－06 (001).

② 黄勇. 在统筹城乡发展中优化资源配置 [N]. 重庆日报，2012－07－19 (013).

联网技术提升信息化水平，打造城际之间、城乡之间、村际之间互联互通的教育平台、医疗平台和社会保障一体化服务平台①。改革是发展的动力，创新是发展的灵魂，优化城乡资源配置的本质是促进人的发展，新型城镇化的最终目的还是要回归到"人"，满足人的需求。农村作为资源配置的薄弱环节，增强内生动能是发展的关键，在城乡二元壁垒的逐步化解中，要充分利用农村现有资源，激发内在活力，使农村在城乡统筹发展的道路上渐行渐稳。

最后，在共建共享中优化资源配置。在土地、人才、政策、社会、财政资源共享基础上，开展"对口帮扶"工程，市、村"结对共建"，村、企"定点援建"②。合理利用土地资源，旧城改造、老城拆迁、新型农村社区建设用地等要有序推进，实现城乡土地价值利用最大化；灵活贯通人才资源，鼓励"人才驻村""返乡创业"，改善城乡人才分布不均的现状，发挥"驻村书记"的重要作用，为农村发展提供智力支持；改变以往偏于城市的政策资源导向，给予"三农"发展强有力的政策支持；疏解过于集中在城市的社会资源和财政资源，尽可能地促进城乡资源供给均等，保证每位公民能够共享资源。

二、推进城乡基本公共服务均等化

均等化并不是指数量上的"绝对平均"，也并非每个人要享受到"完全均等"的公共服务，而是要尽可能地缩小城乡之间的差距，改善人均资源占有不足的现状，使全体公民能够共享公共服务，达到大致均等的状态③。实现基本公共服务均等化，是不断提升现代化水平的前提；推进城乡基本公共服务制度统一、质量统一、效益统一，确保基本公共服务能够

---

① ② 车顿善，夏长生，徐军. 促进城乡资源有序流动和优化配置［J］. 西安日报，2012 - 09 - 10（012）.

③ 李曼音，王宁. 城乡基本公共服务均等化的现实困境与纾解［J］. 人民论坛，2018（3）：68 - 69.

覆盖全体公民，是新型城镇化与乡村振兴的重要目标。多年来，城市公共服务的水平与质量明显高于农村，城市在公共教育、就业创业、社会保险、医疗卫生、社会服务、住房保障、文化体育、残疾人服务等八个基本公共领域提供的优质服务吸引着大量人口在城市安家落户①，但城市常住人口"爆炸式"增长的背后，是资源不足、生态破坏、交通拥堵、房价高企等城市问题的集中出现。推进城乡基本公共服务均等化，释放城市张力，有利于减轻城市人口压力，提升农村发展潜力，缓解"城市病"难题。

首先，积极推进农村基础设施建设。从规划学上看，达不到一定的集聚规模，基础设施是没有效益的，公共服务设施就缺乏建设的动力，各种商业服务设施也很难到位，导致农民难以享受到与城市居民均等的公共服务。基于此，必须要实现农村居民的适度集中居住，人口的集中会带来资源、产业的相对集中，以点带面，形成集聚效应，逐渐提升农村基础设施服务的整体水平，吸纳更多人口转移到中心村，一定程度上有利于缓解农村"空心化"趋势，也有利于纾解城市人口压力。

其次，要加大农村社会保障投入，逐步实现城乡社会保障服务的均等化。社会保障事关人民切身利益，事关人民幸福生活，必须予以高度重视。保障农村居民在医疗卫生领域的权益是实现城乡社会保障服务均等化的重要内容，增加农村公共服务的供给并将国家社会保障事业建设的重点放在农村，是实现城乡社会保障服务均等化的首要任务。优质的公共医药卫生服务作为一种稀缺资源，长期主要被布局在城市，农民和城市底层居民不得不忍受"看病难、看病贵"的困扰。为此，基于医疗卫生服务领域的改革势在必行，通过整合城乡医疗资源，进行合理再分配，构建相互促进的城乡医院联合体，促进城乡医疗资源均等化；继续完善居民养老保险、医疗保险、大病救助保险、特大疾病救助保险制度，加强留守儿童帮

---

① 亢舒. 2020 年基本公共服务均等化总体实现——国家发改委有关负责人解读《"十三五"推进基本公共服务均等化规划》[N]. 经济日报，2017－03－03（002）.

扶、残疾人救助工作，构建全方位、多层次、可持续的社会保障体系，积极推进城乡社会保障服务均等化。

最后，要逐步规范城乡教育资源的不合理分配，增加农村学校固定资产投入，缩小城乡差距，保障教育公平。保证教育公平是实现教育强国的必然前提，而保证每个孩子从"有学上"到"上好学"是教育公平的基本目标。必须将农村教育事业放在优先发展的位置，加大乡村教育的财政补贴，设置专项资金用以修缮学校的硬件设施，提供强有力的政策支撑，给予乡村教师更多政策上的优惠和保障，吸引人才、留住人才，构建符合时代发展潮流的新型教师队伍，为乡村教育注入鲜活的力量；统筹推进农村幼儿教育、中小学教育、高中教育、职业教育，推进教育单位实现由提量到提质的转变，从课程设置、师资队伍建设、现代化教育教学理念和技术等多方面统筹规划，促进公共教育向农村倾斜，逐步建立健全城乡一体的基本公共服务体系，推进城乡基本公共服务均等化。

三、因地制宜推动美丽乡村建设

建设美丽乡村既是乡村振兴的战略要求，也是有效纾解"城市病"的迫切任务。在城镇化进程中，乡村不是"旁观者"和"局外人"，城市发展也绝不是"一枝独秀"。城市不能以牺牲农村为代价，城市的繁荣更不能建立在农村的衰落之上，城乡之间要相辅相成，相得益彰，才能准确把握"城市病"的发病机理，有效控制"城市病"的蔓延趋势，使之在可控制的范围内得到有效解决。浙江省安吉县是我国美丽乡村建设的典型范本，生态旅游、生态农业、乡土文化更成为安吉县美丽乡村建设的三大标签①。安吉县的成功实践为我国美丽乡村建设的全面推行奠定了重要基础。美丽乡村建设既是治理"农村病"的必然要求，也是顺应以人为核心的城镇化的发展趋势、治理"城市病"的客观需求，对于协同推进"农村病"

---

① 袁亚平.浙江省安吉县 建设"中国美丽乡村"［N］.人民日报，2008 – 05 – 12（001）.

和"城市病"治理具有重要意义。

首先，改善农村人居环境，加强农村生态治理，建设生态宜居乡村。生态宜居是乡村振兴的关键，农村人居环境整治是美丽乡村建设的重要前提。改善农村人居环境要以人为本，突出重点，调动广大农民参与到整治农村环境的大行动中来，逐步提升农村饮用水安全和质量；推动农村生活垃圾分类集中处理；加速资源合理流转，推进废弃物资源化利用；严格控制农药化肥的施用量，控制难以自然降解的地膜农膜等塑料的使用，打赢农村污染防治攻坚战[①]。时不我待，要全面实施农村人居环境整治工作，并落实到各地各村，依村依地逐步开展。

其次，树立乡村品牌文化和产业特色，因村制宜，打造"一村一品"，杜绝"千村一面"。让特色经济、优势产业成为美丽乡村建设的标杆，农业内外、城乡两方、政府农民同频共振，发出美丽乡村建设最强音。同时，乡村建设必须拒绝盲目化、跟风化、随意化和敷衍化，要结合村史村情，因时制宜，遵循农村自身客观的发展脉络与生长机理，打造能够代表乡村最大价值与发展活力的品牌特色和优势产业。

最后，守护乡村文脉，文化产业与文化事业协同发展。文化是一个时期政治经济发展现状的综合反映，扎根中国乡土大地所衍生的乡村文化是中华文化的重要组成部分，乡村文脉中深厚的文化底蕴和乡土底色是美丽乡村建设的内涵所在。美丽乡村建设不是"形式主义"，也不是"面子工程"，绝不是乡村外围的"修修补补"，必须真抓实干，将农民的切身利益纳入所考量因素的范围内，并置于首要地位。相比钢筋水泥铸就的城市社会，乡村社会的最大特点在于乡土文脉的传承。以农耕文化为根基，以古村落、古建筑为依托，以农村本土居民、人才、古工艺传承者为主体，以重塑乡村生态文化为目标，借助民族节日、民俗表演、民俗用品，发展乡村特色文化产业、优质文化事业，推动美丽乡村建设。

---

① 整治农村环境 建设生态宜居美丽乡村 [J]. 环境保护，2018（9）：刊首语.

四、引导农业转移人口就近城镇化

改革开放以来，城镇化发展有了明显进步，改变了以往中小城市和小城镇由于吸纳能力不强而留不住人的局面，但同时也带来了一些问题，城市的超常规发展导致人口、产业、基础设施等都向大城市偏移，并集中盘踞在城市中心区域，带来严重的住房紧张、交通拥挤、就业困难、环境污染等种种城市病[1]。残酷的现实倒逼城市发展转型，同时也为农村发展提供了良好的契机。城镇化是我国发展的必然趋势，在此过程中农业转移人口的妥善安置成为一大难题，有效引导农业转移人口就近城镇化是新时期解决"城市病"问题的"一剂良方"。

首先，逐步提升中小企业发展活力，吸收农业转移人员再就业。农业产业化是推进农业转移人口就近城镇化的必经之路，中小企业的集聚效应为农业产业化发展提供动力。"国际城镇化经验表明，中小企业往往是推动城镇经济增长与吸纳农村剩余劳动力的重要力量。有数据表明，我国中小微企业数量已占全国企业的98%以上，占全国新产品的75%、发明专利的65%、国内生产总值的60%和税收的50%，对我国新增就业岗位贡献率达到85%。"[2] 由此可见，中小企业的发展所带来的人口聚集效应更有利于工业转移人口就近城镇化。无论是从工业化初期的劳动密集型产业、工业化中期的资源资金密集型产业，还是到工业化后期的技术密集型产业，不同阶段的工业发展对劳动力都有不同层次的需求，在一定程度上为农业闲置人口和农村失地人员解决就业难题了却了一块"心病"，缓解了城镇化进程中城市发展给农村农业农民带来的冲击，有效治理了"城市病"导致的失业问题。

---

① 焦晓云. 新型城镇化进程中农村就地城镇化的困境、重点与对策探析——"城市病"治理的另一种思路［J］. 城市发展研究，2015（1）：108–115.

② 中国（海南）改革发展研究院. 人的城镇化：40余位经济学家把脉新型城镇化［M］. 北京：中国经济出版社，2013：254.

其次，构建新型农村社区，实现"就近上楼""就近入城"。推进农业转移人口就近就地城镇化是防治"城市病"难题的重要任务，是新型城镇化发展的独特道路。政府要从新农村社区规划上做好顶层设计，从交通、教育、医疗、卫生、环境等多方面综合考量，重点在高投入、高产出、高效益的项目上花大力气，同时兼顾其他方面的建设，为现代化高水平的新型农村社区提供基本保障，努力构建充满幸福感的现代乡村共同体。

最后，文化传承是农业转移人口就近城镇化的灵魂所在①。在农村共同体中，邻里乡党朝夕相伴，他们共同生活、一起劳动，共同享受丰收带来的欢乐、一起承担灾害带来的后果……邻里之间不是亲人，情感胜似亲人。"共同的风俗和共同的信仰"将村民牢牢捆绑在一起②，尽管这并不是唯一的依靠，但共同的风俗信仰、长久的共同生活还是造就了彼此之间纯洁、无私、真挚的情感，其外在表现为互相帮助、互相支持和互相提携。于是，在农村共同体中而且仅仅在农村共同体中，出现了一种"远亲不如近邻"的和谐邻里关系。这种邻里之间的和谐文化是在农村历代传承中逐渐形成的，在代际传承中逐渐树立的信心与决心为农村就近城镇化提供了良好的氛围，成为新型城镇化建设的力量之源。

① 杨振生. 就近城镇化研究：可行性分析、实践探索与运行启示 [J]. 山东社会科学，2017（5）：107 – 112.

② 斐迪南·滕尼斯. 共同体与社会 [M]. 林荣远，译. 北京：商务印书馆，1999：75.

参 考 文 献

［1］阿拉娜·斯缪尔斯. 兴建公路，治疗还是制造了"城市病"?
［N］. 社会科学报，2016－04－21（007）.

［2］埃比尼泽·霍华德. 明日的田园城市［M］. 金经元，译. 北京：
商务印书馆，2010.

［3］艾伦·梅斯. 城市郊区：后郊区时代的郊区地区化［M］. 田丰，
陈剑晖，译. 北京：社会科学文献出版社，2016.

［4］安德鲁·塔隆. 英国城市更新（第二版）［M］. 杨帆，译. 上
海：同济大学出版社，2017.

［5］巴里·卡林沃思，罗杰·凯夫斯. 美国城市规划：政策、问题与
过程［M］. 吴建新，杨至德，译. 武汉：华中科技大学出版社，2016.

［6］保罗·诺克斯等. 城市化［M］. 顾朝林，等译. 北京：科学出
版社，2009.

［7］曹海军. 国外城市治理理论研究［M］. 天津：天津人民出版
社，2017.

［8］曹钟雄，武良成. 中国"城市病"解析［M］//樊纲，武良成.
城市化：着眼于城市化的质量. 北京：中国经济出版社，2010：204－231.

［9］柴浩放. 北京城市病的城乡关系透视［J］. 生态经济，2015，31
（7）：165－167，189.

［10］车玉玲. 空间修复与"城市病"：当代马克思主义的视野［J］.
苏州大学学报（哲学社会科学版），2017，38（5）：1－11，191.

［11］陈柳钦. 我国城市化进程中的"城中村"现象及其改造［J］.

管理学刊, 2010 (6): 48 – 53.

[12] 陈柳钦. 以"健康城市"理念化解"城市病" [N]. 中国社会科学报, 2011 – 09 – 15 (004).

[13] 陈为邦. 认真预防和治理"城市病" [N]. 中国社会科学报, 2012 – 04 – 09 (A04).

[14] 陈友华. 理性化城市化与城市病 [J]. 北京大学学报 (哲学社会科学版), 2016 (6): 107 – 113.

[15] 陈哲, 刘学敏. "城市病"研究进展和评述 [J]. 首都经济贸易大学学报, 2012, 14 (1): 101 – 108.

[16] 程旭. JD模式可以解决城市病 [N]. 21 世纪经济报道, 2013 – 11 – 04 (015).

[17] 初梓瑞. "海绵"能治水, 更治城市病 [N]. 人民日报, 2017 – 08 – 08 (004).

[18] 崔吕萍. 治愈"城市病", 需要智慧"药方" [N]. 人民政协报, 2017 – 08 – 01 (006).

[19] 戴鞍钢. 城市化与"城市病"——以近代上海为例 [J]. 上海行政学院学报, 2010 (1): 77 – 84.

[20] 邓伟志. 当代"城市病" [M]. 北京: 中国青年出版社, 2003.

[21] 邓伟志. "首堵": 是城市病但非不治之症 [N]. 中国社会科学报, 2011 – 01 – 18 (003).

[22] 邓小平文选 (第三卷) [M]. 北京: 人民出版社, 1993.

[23] 邓小平文选 (第二卷) [M]. 北京: 人民出版社, 1994.

[24] 丁登林. 预防和治理城市病的途径思考 [J]. 求实, 2012 (S2): 196 – 197.

[25] 丁金宏. 论城市爆炸与人口调控 [J]. 前进论坛, 2011 (2): 33 – 36.

[26] 董城. 北京: 下最大决心打赢治理"城市病"攻坚战 [N]. 光明日报, 2014 – 02 – 15 (003).

［27］董城．辨证施治大城市病，留下一份美丽乡愁［N］．光明日报，2014 - 09 - 07（001）．

［28］董国良．城市模式学：根除城市病的理论和方法［M］．北京：科学出版社，2012．

［29］杜飞进．三亚开良方，治疗城市病［N］．人民日报，2016 - 02 - 19（006）．

［30］杜凤姣，宁越敏．拉美地区的城市化、城市问题及治理经验［J］．国际城市规划，2015，30（S1）：1 - 6．

［31］杜娟．"大城市病"来势汹汹［N］．社会科学报，2014 - 04 - 10（003）．

［32］端然．把脉城市病，筑建和谐家［N］．经济日报，2016 - 01 - 29（013）．

［33］段小梅．城市规模与"城市病"——对我国城市发展方针的反思［J］．中国人口·资源与环境，2001（4）：134 - 136．

［34］樊纲，郭万达，等．农民工早退：理论、实证与政策［M］．北京：中国经济出版社，2013．

［35］樊纲，郭万达．中国城市化和特大城市问题思考［M］．北京：中国经济出版社，2017．

［36］樊纲，武良成．城市化：着眼于城市化的质量［M］．北京：中国经济出版社，2010．

［37］范作申．日本高速发展时期的城市问题与对策——以城市建设开发为中心［J］．日本学刊，2004（4）：82 - 98．

［38］房亚明．"城市病"、贫富分化与集权制的限度：资源分布格局的政治之维［J］．湖北行政学院学报，2011（4）：27 - 32．

［39］冯其予．让绿色交通破解"城市病"［N］．经济日报，2013 - 05 - 27（012）．

［40］富晓星，冯文猛，王源，陈杭．"教育权利" vs. "大城市病"——流动儿童教育获得的困境探究［J］．社会学评论，2017，5

(6)：40 – 55.

[41] 高德步. 英国工业革命时期的"城市病"及其初步治理 [J]. 学术研究，2001（1）：103 – 106.

[42] 高峰. 大城市病源于资源匹配不平衡 [N]. 中国环境报，2014 – 02 – 21（002）.

[43] 高洪岩，孙立娟，毕轶群. 河北省城市综合承载力分析与"城市病"防治 [J]. 企业经济，2012，31（12）：137 – 140.

[44] 高健. 以城市群治理"城市病" [N]. 北京日报，2014 – 01 – 16（006）.

[45] 辜胜阻. 缓解"大城市病"需要实施均衡的城镇化战略 [N]. 中国经济时报，2011 – 04 – 08（005）.

[46] 辜胜阻，简新华. 当代中国人口流动与城镇化：跨世纪的社会经济工程 [M]. 武汉：武汉大学出版社，1994.

[47] 辜胜阻. 探索中国特色治理"大城市病"路子 [N]. 人民日报，2015 – 10 – 29（007）.

[48] 郭金龙. 治理大城市病，要用好治本良策 [N]. 人民日报，2016 – 07 – 19（005）.

[49] 郭治谦，康永征. "城市精神问题"是"城市病"的应有之义——齐美尔《大城市与精神生活》述评 [J]. 城市发展研究，2015，22（08）：80 – 85，100.

[50] 国家统计局城市司"城市化发展研究"课题组. 中国城市化的出路在中小城市 [J]. 调研界，2011（3）：6 – 11.

[51] 国家新型城镇化规划 [M]. 北京：人民出版社，2014.

[52] 国务院关于进一步推进户籍制度改革的意见 [M]. 北京：人民出版社，2014.

[53] 韩宗晨. 马克思恩格斯对资本主义城市病的生态批判及其意义 [D]. 哈尔滨：哈尔滨工业大学，2016.

[54] 郝日虹. "副中心"模式能否根治"大城市病"? [N]. 中国社

会科学报，2014 - 10 - 22（B07）.

［55］何强. 北京的"城市病"根源何在［J］. 中国统计，2008
（11）：16 - 17.

［56］贺雪峰. 新乡土中国（修订版）［M］. 北京：北京大学出版
社，2013.

［57］胡锦涛文选（第三卷）［M］. 北京：人民出版社，2016.

［58］胡锦涛文选（第二卷）［M］. 北京：人民出版社，2016.

［59］胡锦涛文选（第一卷）［M］. 北京：人民出版社，2016.

［60］胡畔. 缓解"大城市病"依赖新型城镇化［N］. 中国经济时
报，2014 - 09 - 25（002）.

［61］胡欣，江小群. 城市经济学［M］. 上海：立信会计出版
社，2005.

［62］胡于凝. 探寻"大城市病"的疏通之道［N］. 中国社会科学
报，2017 - 10 - 18（006）.

［63］华生. 城市化转型与土地陷阱［M］. 北京：东方出版
社，2014.

［64］黄碧垚. "城市病"的制度根源及其治理研究［D］. 南昌：江
西财经大学，2016.

［65］黄发红. 德国克服"城市病"，推进"再城镇化"［N］. 人民
日报，2014 - 01 - 23（022）.

［66］黄科. "城市病"往往与扭曲的政绩观相关［N］. 经济日报，
2016 - 07 - 15（013）.

［67］黄倩蔚. 雾都涅槃：治城市病终须以人为本［N］. 南方日报，
2013 - 12 - 17（A04）.

［68］黄荣清. 发展中国家的城市化问题［J］. 中国人口科学，1988
（1）：37 - 42.

［69］黄蓉. 城市病有药可医——清华大学教授蔡继明谈城市化建设
［J］. 绿色中国，2013（15）：26 - 29.

［70］黄宇，王元媛．地球上的城市病［M］．北京：化学工业出版社，2014．

［71］简新华，何志扬，黄锟．中国城镇化与特色城镇化道路［M］．济南：山东人民出版社，2010：221．

［72］简·雅各布斯．美国大城市的死与生［M］．金衡山，译．南京：译林出版社，2005．

［73］江泽民文选（第二卷）［M］．北京：人民出版社，2006．

［74］江泽民文选（第三卷）［M］．北京：人民出版社，2006．

［75］江泽民文选（第一卷）［M］．北京：人民出版社，2006．

［76］姜爱华，张弛．城镇化进程中的"城市病"及其治理路径探析［J］．中州学刊，2012（6）：103－105．

［77］姜海．从健康传播看"城市病"——一种交互空间观的传播分析［J］．当代传播，2017（6）：59－63．

［78］焦晓云．城镇化进程中"城市病"问题研究：涵义、类型及治理机制［J］．经济问题，2015（7）：7－12．

［79］焦晓云．新型城镇化进程中农村就地城镇化的困境、重点与对策探析——"城市病"治理的另一种思路［J］．城市发展研究，2015，22（1）：108－115．

［80］凯文·林奇．城市意象［M］．方益萍，等译．北京：华夏出版社，2001．

［81］康克佳．城市群建设成治理城市病良方［N］．中国城市报，2017－07－17（015）．

［82］科林·罗．拼贴城市［M］．童明，等译．北京：中国建筑工业出版社，2005．

［83］朗朗，宁育育．城市病的N种症状［J］．世界博览，2010（13）：30－37．

［84］黎小雪．发展伦理视角下的武汉城市病研究［D］．武汉：华中科技大学，2012．

［85］李伯牙．问诊"城市病"［N］．21 世纪经济报道，2015 - 11 -
26（002）．

［86］李超钢．从源头治理"城市病"［N］．北京日报，2014 - 01 -
20（007）．

［87］李陈．"城市病"研究述评和展望［J］．西北人口，2013，34
（5）：20 - 24，28．

［88］李陈．境外经典"城市病"理论与主要城市问题回顾［J］．西
北人口，2013，34（3）：10 - 14．

［89］李纲，郭超，张新．面向大城市病的政府政策有效性实证研究——
以"北京市摇号购车"政策为例［J］．信息资源管理学报，2017，7
（1）：20 - 31．

［90］李纲，李阳．面向决策的"城市病"诊治情报服务探索［J］．
图书情报工作，2016，60（14）：121 - 127．

［91］李慧．"大城市梦"与"大城市病"［N］．光明日报，2011 -
07 - 28（016）．

［92］李金桀．卫星城，纾解"大城市病"［N］．光明日报，2011 -
04 - 24（002）．

［93］李金龙，李江棋．以新发展理念破解"大城市病"［J］．前线，
2019（6）：61 - 63．

［94］李瑾．"小城市病"研究［D］．济南：山东大学，2017．

［95］李林．加快体制改革克服"城市病"［N］．人民日报海外版，
2014 - 03 - 10（002）．

［96］李明超．大城小镇：城市化进程中城市病治理与小城镇发展
［M］．北京：经济管理出版社，2018．

［97］李明超．基于系统科学的城市病评估、实证与治理［J］．上海
对外经贸大学学报，2019，26（4）：90 - 99．

［98］李平．深化"京味儿"改革破解城市病［N］．北京日报，2014 -
01 - 17（008）．

[99] 李强，薛澜. 中国特色新型城镇化发展战略研究（第四卷）：城镇化进程中的人口迁移与人的城镇化研究·城镇化进程中的公共治理研究 [M]. 北京：中国建筑工业出版社，2013.

[100] 李锐杰. 城镇化进程中"城市病"的解决对策 [J]. 经济纵横，2014（10）：16 - 19.

[101] 李松涛. 我国已经进入城市病集中爆发期 [J]. 中国减灾，2011（1）：36 - 37.

[102] 李天健. 北京城市病研究 [D]. 北京：首都经济贸易大学，2013.

[103] 李天健. 北京治理"城市病"不能仅靠卫星城 [N]. 中国社会科学报，2011 - 11 - 24（010）.

[104] 李天健. 城市病评价指标体系构建与应用——以北京市为例 [J]. 城市规划，2014，38（8）：41 - 47.

[105] 李天健. 我国主要城市的城市病综合评价和特征分析 [J]. 北京社会科学，2012（5）：48 - 54.

[106] 李晓宏. 征收拥堵费治理城市病 [N]. 人民日报海外版，2017 - 06 - 17（006）.

[107] 李一戈. 人为制造的城市病 [N]. 21世纪经济报道，2014 - 01 - 23（021）.

[108] 李昱. 新生代农民工融入城市问题探析 [J]. 求索，2010（10）：91 - 93.

[109] 李中建，郑旭东. 快速城镇化中"城市病"的预防及治理路径 [J]. 商业时代，2014（9）：45 - 47.

[110] 梁丽. 大数据时代治理"城市病"的技术路径 [J]. 电子政务，2016（1）：88 - 95.

[111] 梁远. 近代英国城市规划与城市病治理研究 [M]. 南京：江苏人民出版，2016.

[112] 林家彬. 城市化如何避免城市病 [N]. 中国经济时报，2012 -

10 - 26（003）.

[113] 林家彬，王大伟．城市病：中国城市病的制度性根源与对策研究［M］．北京：中国发展出版社，2012.

[114] 林家彬．我国"城市病"的体制性成因与对策研究［J］．城市规划学刊，2012（3）：16 - 22.

[115] 林家彬．治"城市病"要靠新型城镇化［N］．中国财经报，2013 - 10 - 26（006）.

[116] 林涛．求治马路上的"城市病"［N］．光明日报，2015 - 08 - 17（010）.

[117] 刘成军．试论城镇化的关键要素：人口、土地和产业所引发的城镇生态环境问题［J］．理论月刊，2017（1）：116 - 121.

[118] 刘成玉．中国"大城市病"诊断与治理新思路——基于公共品供给视角［J］．中国经济问题，2012（6）：25 - 32.

[119] 刘春芳，张志英．从城乡一体化到城乡融合：新型城乡关系的思考［J］．地理科学，2018（10）：1624 - 1633.

[120] 刘纯彬．二元社会结构与城市（续）——城市病与城市规模［J］．社会，1990（4）：34 - 35.

[121] 刘东．京沪双双出招缓解"大城市病" 首要控制人口增量［N］．21世纪经济报道，2016 - 06 - 23（007）.

[122] 刘根生．城市病下乡与权力审美［J］．瞭望新闻周刊，2006（18）：36.

[123] 刘根生．治理"城市病"要有过程意识［N］．南京日报，2013 - 05 - 27（F02）.

[124] 刘洁．"城市病"防治：以中国超大城市为例［M］．北京：社会科学文献出版社，2017.

[125] 刘洁，苏杨．从人口分布的不均衡性看北京"城市病"［J］．中国发展观察，2013（5）：32 - 36.

[126] 刘亭，史先虎．推进郊城化 防止"城市病"［J］．浙江经

济, 2001 (4): 6 - 7.

[127] 刘易斯·芒福德. 城市发展史: 起源、发展和前景 [M]. 宋俊岭, 等译. 北京: 中国建筑工业出版社, 2005.

[128] 刘永亮, 王孟欣. 城乡失衡催生"城市病" [J]. 城市, 2010 (5): 71 - 74.

[129] 陆铭, 李杰伟, 韩立彬. 治理城市病: 如何实现增长、宜居与和谐? [J]. 经济社会体制比较, 2019 (1): 22 - 29, 115.

[130] 陆韬. "大城市病"的空间治理 [D]. 上海: 华东师范大学, 2013.

[131] 陆小成. "城市病"治理的国际比较研究——基于京津冀低碳发展的思考 [M]. 北京: 中国社科出版社, 2016.

[132] 陆肖肖. 提高新型城镇化质量 以规划解决"大城市病" [N]. 华夏时报, 2018 - 03 - 19 (031).

[133] 吕政, 黄群慧, 吕铁, 周维富. 中国工业化、城市化的进程与问题——"十五"时期的状况与"十一五"时期的建议 [J]. 中国工业经济, 2005 (12): 5 - 13.

[134] 马克·吉罗德. 城市与人——一部社会与建筑的历史 [M]. 郑炘, 等译. 北京: 中国建筑工业出版社, 2008.

[135] 马克思恩格斯全集 (第七卷) [M]. 北京: 人民出版社, 1959.

[136] 马克思恩格斯全集 (第二十五卷) [M]. 北京: 人民出版社, 1974.

[137] 马克思恩格斯全集 (第三十九卷) [M]. 北京: 人民出版社, 1974.

[138] 马克思恩格斯全集 (第四十七卷) [M]. 北京: 人民出版社, 1979.

[139] 马克思恩格斯全集 (第二十三卷) [M]. 北京: 人民出版社, 1972.

［140］马克思恩格斯全集（第二卷）［M］. 北京：人民出版社，1957.

［141］马克思恩格斯全集（第一卷）［M］. 北京：人民出版社，1995.

［142］马克思恩格斯全集（第四十六卷上册）［M］. 北京：人民出版社，1979.

［143］马克思恩格斯全集（第四十六卷下册）［M］. 北京：人民出版社，1980.

［144］马克思恩格斯选集（第一卷）［M］. 北京：人民出版社，2012.

［145］马克思恩格斯选集（第二卷）［M］. 北京：人民出版社，2012.

［146］马克思恩格斯选集（第三卷）［M］. 北京：人民出版社，2012.

［147］马克思恩格斯选集（第四卷）［M］. 北京：人民出版社，2012.

［148］毛泽东文集（第八卷）［M］. 北京：人民出版社，2009.

［149］毛泽东文集（第七卷）［M］. 北京：人民出版社，1999.

［150］毛泽东文集（第六卷）［M］. 北京：人民出版社，1999.

［151］孟翠莲，赵阳光，刘明亮. 北京市大城市病治理与京津冀协同发展［J］. 经济研究参考，2014（72）：21－29.

［152］莫神星，张平. 论以绿色转型发展推动"城市病"治理［J］. 兰州学刊，2019（8）：94－104.

［153］穆光宗. 从人口学视角看"城市病"［N］. 人民日报，2012－03－21（007）.

［154］穆光宗. 人口增长与"大城市病"诊治——以北京市为例［J］. 人民论坛，2010（32）：8－9.

［155］南辰. 治"堵"就是治"大城市病"［J］. 瞭望，2010（Z2）：94.

［156］倪鹏飞. 中国城市竞争力报告——城市：让世界倾斜而平坦（No. 9）［R］. 北京：社会科学文献出版社，2011.

［157］倪涛. 要城市化，不要"城市病"［N］. 人民日报，2014 - 04 - 23（022）.

［158］2019 年新型城镇化建设重点任务［Z］. 发改规划 2019 年第 617 号文件.

［159］牛俊伟. 城市中的问题与问题中的城市［D］. 南京：南京大学，2013.

［160］牛文元. 2001 - 2002 中国城市发展报告［M］. 北京：西苑出版社，2003.

［161］潘宝才. "城市病"与可持续发展研究［J］. 城乡建设，1999（1）：26 - 27.

［162］潘培坤，凌岩. 城镇化探索［M］. 上海：同济大学出版社，2012.

［163］彭文英，滕怀凯，范玉博. 北京"城市病"异质性及非首都功能疏解治理研究［J］. 学习与探索，2019（9）：128 - 134.

［164］齐心. 北京城市病的综合测度及趋势分析［J］. 现代城市研究，2015（12）：71 - 75.

［165］齐心. 北京城市病综合治理研究［M］. 北京：北京时代华文书局，2018.

［166］齐心等. 北京城市病综合治理研究［M］. 北京：北京时代华文书局，2018.

［167］钱振明. 当代城市问题挑战传统城市管理［J］. 苏州大学学报，2004（6）：12 - 17.

［168］青连斌. 治理"城市病"要改"堵"为"疏"［J］. 人民论坛，2017（36）：44 - 45.

［169］邱霈恩. 用科学化法治化手段管理城市［N］. 人民日报，2016 - 02 - 02（007）.

［170］任成好，张桂文．中国城市病的测度研究——基于288个地级市的统计数据分析［J］．经济研究参考，2016（56）：12-19.

［171］任成好．中国城市化进程中的城市病研究［D］．沈阳：辽宁大学，2016.

［172］任敏．建设城郊轨道交通疏解城区人口［N］．北京日报，2014-12-10（002）.

［173］任远．城市病和高密度城市的精细化管理［J］．社会科学，2018（5）：76-82.

［174］沈洁，张可云．中国大城市病典型症状诱发因素的实证分析［J］．地理科学进展，2020，39（1）：1-12.

［175］十八大以来重要文献选编（上）［M］．北京：中央文献出版社，2014.

［176］十八大以来重要文献选编（下）［M］．北京：中央文献出版社，2018.

［177］十八大以来重要文献选编（中）［M］．北京：中央文献出版社，2016.

［178］十二大以来重要文献选编（上）［M］．北京：人民出版社，1986.

［179］十九大以来重要文献选编（上）［M］．北京：中央文献出版社，2019.

［180］十九大以来重要文献选编（中）［M］．北京：中央文献出版社，2021.

［181］十六大以来重要文献选编（上）［M］．北京：中央文献出版社，2005.

［182］十六大以来重要文献选编（下）［M］．北京：中央文献出版社，2008.

［183］十六大以来重要文献选编（中）［M］．北京：中央文献出版社，2006.

[184] 十七大以来重要文献选编（上）[M]. 北京：中央文献出版社，2009.

[185] 十七大以来重要文献选编（下）[M]. 北京：中央文献出版社，2013.

[186] 十七大以来重要文献选编（中）[M]. 北京：中央文献出版社，2011.

[187] 十三大以来重要文献选编（上）[M]. 北京：人民出版社，1991.

[188] 十四大以来重要文献选编（上）[M]. 北京：人民出版社，1996.

[189] 十五大以来重要文献选编（上）[M]. 北京：人民出版社，2000.

[190] 十五大以来重要文献选编（中）[M]. 北京：人民出版社，2001.

[191] 石忆邵. 城市规模与"城市病"思辩 [J]. 城市规划汇刊，1998（5）：15-18，63.

[192] 石忆邵. "大城市病"的症结、根源、诱发力及其破解障碍 [J]. 南通大学学报（社会科学版），2014，30（3）：120-127.

[193] 石忆邵，俞怡文. 郊区化究竟是加重还是缓解了城市病——基于上海的实证分析 [J]. 经济地理，2016，36（8）：47-54.

[194] 石忆邵. 中国"城市病"的测度指标体系及其实证分析 [J]. 经济地理，2014，34（10）：1-6.

[195] 舒圣祥. 用"副中心"模式治治大城市病 [N]. 中国青年报，2014-03-28（002）.

[196] 司晋丽. "动批"搬迁后面的"城市病"现实 [N]. 人民政协报，2014-01-20（008）.

[197] 宋金萍. 治理城市病，呼唤"精明增长" [N]. 新华日报，2016-01-29（005）.

[198] 宋兴国. 北京总体规划绘 20 年蓝图："增减建"治理大城市病 [N]. 21 世纪经济报道，2017 - 10 - 02 (003).

[199] 宋言奇. 城市"时间边疆"开发：基于缓解城市病的思考 [J]. 社会科学家，2004 (5)：65 - 67.

[200] 宋迎昌. 治理"大城市病"需要新思维 [J]. 中国党政干部论坛，2016 (7)：76 - 78.

[201] 苏伟忠，杨英宝. 探析城市病：都市密集区城镇土地格局的环境效应与适应 [M]. 北京：科学出版社，2016.

[202] 孙宏阳. "四大战役"治理拥堵城市病 [N]. 北京日报，2017 - 08 - 04 (010).

[203] 孙杰. 北京首次尝试双创与破解"大城市病"结合 [N]. 北京日报，2017 - 09 - 08 (002).

[204] 孙久文，李姗姗，张和侦. "城市病"对城市经济效率损失的影响——基于中国 285 个地级市的研究 [J]. 经济与管理研究，2015，36 (3)：54 - 62.

[205] 孙潜彤. 诊治"城市病"规划须先行 [N]. 经济日报，2016 - 11 - 13 (007).

[206] 孙文华. 治理城市病的规划探讨 [M]. 上海：上海社会科学院出版社有限公司，2017.

[207] 覃剑. 我国城市病问题研究：源起、现状与展望 [J]. 现代城市研究，2012，27 (5)：58 - 64.

[208] 唐子来，马向明，刘青昊，相秉军，刘佳福，宋劲松. "美好城市" VS. "城市病" [J]. 城市规划，2012，36 (1)：52 - 55，72.

[209] 田俊荣. "城市病"缘何而生？ [N]. 人民日报，2014 - 05 - 12 (017).

[210] 王大伟，王宇成，苏杨. 我国的城市病到底多严重——城市病的度量及部分城市的城市病状况定量对比 [J]. 中国发展观察，2012 (10)：33 - 35.

[211] 王大伟，文辉，林家彬. 应对城市病的国际经验与启示 [J]. 中国发展观察，2012（7）：48–51.

[212] 王佃利等. 邻避困境：城市治理的挑战与转型 [M]. 北京：北京大学出版社，2017.

[213] 王格芳. 我国快速城镇化中的"城市病"及其防治 [J]. 中共中央党校学报，2012，16（5）：76–79.

[214] 王桂新. "大城市病"的破解良方 [J]. 人民论坛，2010（32）：16–18.

[215] 王桂新. 中国"大城市病"预防及其治理 [J]. 南京社会科学，2011（12）：55–60.

[216] 王海平. 人多地少的东京都市圈如何克服大城市病？[N]. 21世纪经济报道，2017–05–01（011）.

[217] 王浩，王建华. 中国水资源与可持续发展 [J]. 中国科学院院刊，2012（3）：352–258.

[218] 王皓. 为破解城市病提供法制保障 [N]. 北京日报，2014–01–28（001）.

[219] 王皓. 以更大决心更有力措施 推动治理城市病攻坚战向纵深发展 [N]. 北京日报，2014–02–15（001）.

[220] 王开泳，颜秉秋，王芳，高晓路. 国外防治城市病的规划应对思路与措施借鉴 [J]. 世界地理研究，2014，23（1）：65–72.

[221] 王丽娟. 京津冀区域协同解决北京城市病 [N]. 中国经济时报，2017–03–30（002）.

[222] 王小鲁. 中国城市化路径与城市规模的经济学分析 [J]. 经济研究，2010（10）：20–32.

[223] 王晓玥，李双成. 基于多维视角的"城市病"诊断分析及其风险预估研究进展与发展趋势 [J]. 地理科学进展，2017，36（2）：231–243.

[224] 王菅. 以合理发展城市副中心克服城市病 [N]. 21世纪经济报道，2013–12–30（T07）.

[225] 王郁，张彦洁，王亚男．"城市病"的表象、体制性成因及其治理路径——以上海为例 [J]．上海交通大学学报（哲学社会科学版），2014，22（6）：53-62．

[226] 王正平．中国首位级城市"城市病"：表现、根源及其治理 [D]．上海：复旦大学，2014．

[227] 王志刚．马克思主义社会理论与城市问题——兼评卡茨尼尔森的都市马克思主义 [J]．内蒙古社会科学（汉文版），2017，38（6）：19-24．

[228] 维托尔德·雷布琴斯基．嬗变的大都市：关于城市的一些观念 [M]．叶齐茂，倪晓晖，译．北京：商务印书馆，2016．

[229] 魏哲哲．法治是化解"城市病"的突破口 [N]．人民日报，2016-01-06（017）．

[230] 吴建忠，詹圣泽．大城市病及北京非首都功能疏解的路径与对策 [J]．经济体制改革，2018（1）：38-44．

[231] 吴良镛．城市世纪、城市问题、城市规划与市长的作用 [J]．城市规划，2000（4）：17-22，30．

[232] 吴绍礼．破解城市病　建品质西安 [N]．人民日报海外版，2016-03-11（012）．

[233] 习近平．决胜全面建成小康社会　夺取新时代中国特色社会主义伟大胜利 [M]．北京：人民出版社，2017．

[234] 习近平谈治国理政（第二卷）[M]．北京：人民出版社，2017．

[235] 习近平谈治国理政（第三卷）[M]．北京：人民出版社，2020．

[236] 习近平谈治国理政（第一卷）[M]．北京：人民出版社，2018．

[237] 习近平新时代中国特色社会主义思想三十讲 [M]．北京：学习出版社，2018．

［238］习近平总书记系列重要讲话读本［M］.北京:人民出版社,2014.

［239］习近平总书记系列重要讲话读本(2016年版)［M］.北京:人民出版社,2016.

［240］向春玲.中国城镇化进程中的"城市病"及其治理［J］.新疆师范大学学报(哲学社会科学版),2014,35(2):45-53.

［241］肖金成."多中心组团"模式应对"城市病"［N］.中国社会科学报,2012-04-09(A07).

［242］肖金成,马燕坤.京津冀协同与大城市病治理［J］.中国金融,2016(2):58-60.

［243］谢邦昌,孙浩爽.大数据如何治愈"大城市病"［J］.中国统计,2017(3):15-16.

［244］谢靓."城市病的根源还是人口问题"［N］.人民政协报,2014-01-22(002).

［245］辛眉.破解"大城市病"的中国探索［N］.中国建设报,2017-09-21(002).

［246］徐传谌,秦海林.城市经济可持续发展研究:"城市病"的经济学分析［J］.税务与经济,2007(2):1-5.

［247］徐小芳.善治视角下的城市病治理对策研究［D］.南昌:江西财经大学,2015.

［248］许志强.应对"城市病":英国工业化时期的经历与启示［J］.兰州学刊,2011(9):177-181.

［249］鄢祖容."深度城镇化":破除城市病的有效路径［J］.人民论坛,2017(9):94-95.

［250］闫彦明.产业转型进程中城市病的演化机理与防治研究［J］.现代经济探讨,2012(11):9-13.

［251］严刚,杨金田.城市能源利用与环境保护的综合治理初探［J］.环境污染与防治,2007(10):789-792.

［252］杨传开，李陈．新型城镇化背景下的城市病治理［J］．经济体制改革，2014（3）：48－52.

［253］杨宏山．转型中的城市治理［M］．北京：中国人民大学出版社，2017.

［254］杨卡．多中心城市建设与城市病治理［M］．北京：经济科学出版社，2017.

［255］杨卡．基于自组织系统论的"城市病"本质、根源及其治理路径分析［J］．暨南学报（哲学社会科学版），2013，35（10）：132－139.

［256］杨连成．文化是治愈"城市病"的良药［N］．光明日报，2012－06－18（002）.

［257］杨志勇．仅仅限制人口流入治不了"大城市病"［N］．21世纪经济报道，2016－09－20（004）.

［258］姚尚建．城市问题的逻辑、困境与化解——一个比较视角［J］．学习论坛，2014，30（10）：49－52.

［259］姚文捷．城市交通拥堵治理［D］．金华：浙江师范大学，2012.

［260］叶锋，桑彤．会诊中国"城市病"［J］．瞭望，2010（43）：60－61.

［261］叶艳．基于组织免疫理论的武汉市"城市病"防治策略研究［D］．武汉：中南民族大学，2013.

［262］袁京．"大城市病"将有专项责任清单［N］．北京日报，2016－05－19（008）.

［263］袁牧．"城市病"，病不在物而在人［N］．新华日报，2016－10－11（015）.

［264］袁祥．城市化要走生态道路［N］．光明日报，2012－03－19（010）.

［265］袁勇．靠"智慧"破解"城市病"［N］．经济日报，2016－11－13（008）.

[266] 袁于飞. 北京用科技成果治疗 "城市病" [N]. 光明日报, 2015 – 03 – 10 (010).

[267] 原祖杰. 相遇在城市：19 世纪美国城市问题探源 [J]. 南开学报（哲学社会科学版），2017 (6)：115 – 128.

[268] 曾广宇，王胜泉. 论中国的城市化与城市病 [J]. 经济界, 2005 (1)：54 – 57.

[269] 翟鸿雁. 我国城市环境污染问题与对策思考 [J]. 经济视角, 2011，(5)：117.

[270] 张成萍. 城市、城市化及美国城市问题 [D]. 成都：四川大学, 2003.

[271] 张敦富. 城市经济学原理 [M]. 北京：中国轻工业出版社, 2005.

[272] 张桂文. 中国城镇化进程中 "农村病" 和 "城市病" 及其治理 [J]. 辽宁大学学报（哲学社会科学版），2014，42 (3)：18 – 24.

[273] 张汉飞. 我国城市病的表现及治理 [N]. 天津日报, 2010 – 11 – 8 (010).

[274] 张晖明，温娜. 城市系统的复杂性与城市病的综合治理 [J]. 上海经济研究, 2000 (5)：45 – 49.

[275] 张军扩. 战后伦敦治理 "大城市病" 的经验启示 [N]. 中国经济时报, 2016 – 08 – 18 (005).

[276] 张明斗. 新型城镇化面临的潜在危机与治理方向——以农村病、城镇病和城市病为研究链条 [J]. 郑州大学学报（哲学社会科学版），2015，48 (2)：71 – 75.

[277] 张喜玲. 城市病的形成机理研究 [D]. 保定：河北大学, 2013.

[278] 赵弘. 北京大城市病治理与京津冀协同发展 [J]. 经济与管理, 2014，28 (3)：5 – 9.

[279] 赵剑芳. 当代中国的 "城市病" 及其防治 [D]. 长沙：中南

大学，2007.

[280] 赵鹏飞. 北京十大行动治大城市病 [N]. 人民日报海外版，2017 - 01 - 04（010）.

[281] 郑晋鸣. 专家为防治"城市病"开药方 [N]. 光明日报，2010 - 12 - 19（004）.

[282] 郑亚平，聂锐. 城市规模扩张要"适度" [J]. 宏观经济研究，2010（12）：58 - 61，68.

[283] 中共中央国务院关于建立健全城乡融合发展体制机制和政策体系的意见 [N]. 人民日报，2019 - 05 - 06（001）.

[284] 中国（海南）改革发展研究院. 人的城镇化：40 余位经济学家把脉新型城镇化 [M]. 北京：中国经济出版社，2013.

[285] 周加来. "城市病"的界定、规律与防治 [J]. 中国城市经济，2004（2）：30 - 33.

[286] 周建高. 人口极限密集："城市病"的根源 [N]. 中国社会科学报，2014 - 04 - 21（A07）.

[287] 周其仁. 城乡中国 [M]. 北京：中信出版社，2015.

[288] 朱建安. 城市交通 病得不轻 [N]. 经济日报，2016 - 01 - 22（013）.

[289] 朱竞若. 把脉城市病，对症开药方 [N]. 人民日报，2016 - 10 - 25（006）.

[290] 朱竞若. "大城市病"攻坚要打开新思路 [N]. 人民日报，2016 - 01 - 28（005）.

[291] 朱竞若. 首都治理城市病迎来三大拐点 [N]. 人民日报，2017 - 02 - 21（001）.

[292] 朱竞若. 治理"大城市病"北京修改规划 [N]. 人民日报，2014 - 01 - 18（004）.

[293] 朱世衡. 治"大城市病"需用"加减法" [N]. 中国国土资源报，2014 - 02 - 11（003）.

［294］朱颖慧. 城市六大病：中国城市发展新挑战 ［J］. 今日国土，2011（2）：14－15.

［295］朱智强. 地租嬗变、农地转非与城市病——基于马克思地租地价理论的视角 ［J］. 商业时代，2014（30）：30－31.

［296］邹怡. 空心村与城市病两端凸显 ［N］. 社会科学报，2013－06－06（002）.

［297］GB/T50280－98. 城市规划基本术语标准 ［S］. 北京：中国建筑工业出版社，1999.

［298］Adhikari M. Urhan Poverty and Some Policy Options：analysis for India ［J］. Urban Studies，2016（18）：155－167.

［299］Bloch K. Urbanization of the Japanese People ［J］. Asian Survey，1941，10（16）：189－190.

［300］Botton K J. Urban Economics：Theory and Policy ［M］. London：Macmillan Press Ltd，1976.

［301］Flierl B，Marcuse P. Urban Policy and Architecture for People，not for Power ［J］. City，2009，13（2－3）：264－277.

［302］Clark W. Mass Migration and Local Outcomes：Is International Migration to the United States Creating a New Urban Underclass? ［J］. Urban Studies，1998（3）：371－383.

［303］Guss D M. Introduction：Indigenous Peoples and New Urbanisms ［J］. The Journal of Latin American and Caribbean Anthropology，2006，11（6）：259－266.

［304］Gatons S P，Clemmer R B. The Economics of Welfare ［M］. Palgrave MacMillan，1971.

［305］Gregory Guldin. What's a Peasant to Do ［M］. West View Press，2001.

［306］Katzev R. Ethnic Minority Unemployment and Spatial Mismatch：The Case of London ［J］. Urban Studies，1983（9）：1569－1596.

[307] McGraw B T. Urban Renewal in the Interest of All the People [J]. The Phylon Quarterly, 1958, 19 (1): 45 –55.

[308] Meyer J R, Kain J F, Wohl M. The Urban Transportation Problem [M]. Harvard University Press, 1965.

[309] Biddulph R. Urban Transformations: Power, People and Urban Design [J]. Town Planning Review, 2002, 73 (1): 111 –113.

[310] George M, Gulson K. Indigenous people and urbanization [J]. Environment and Planning – Part A, 2010, 42 (2): 265 –267.

[311] Netze D. Economic Growth and Environmental Quality: Time Series and Cross – country Evidence [R]. Washington DC: The World Bank.

[312] Spiers J H. "Planning with People": Urban Renewal in Boston's Washington Park, 1950 – 1970 [J]. Journal of Planning History, 2009, 8 (3): 221 –247.

[313] Taner Oc. People and Urban Renaissance [J]. Journal of the American Planning Association, 2000, 66 (4): 364.

[314] Watson M K. Unsettled Places: Aboriginal People and Urbanization in New South Wales [J]. The Australian Journal of Anthropology, 2009, 20 (1): 152 –153.

[315] Wheeler S M. Urban Design and People (Michael Dobbins) [J]. Journal of Architectural and Planning Research, 2010, 27 (4): 359, f3.

[316] Yu Zhu. In Situ Urbanization in Rural China: Case Studies from Fujian Province [J]. Development and Change, 2000, 31 (4): 413.